虹コン7周年ありがとう♡
これからも最高を更新
していく私たちを
よろしくね(´ω`)!!
7
周年
りこぴん
7th
Memorial
ひろた
Thanks

虹のコンキスタドール7周年記念BOOK

NIJICON 7TH ANNIVERSARY

ずっと虹コンで恋してる

わちゃ夏合宿！

INTRO GRAVURE 32P

虹コンのわちゃ

Y NOT

HOTTER

CITY
WEST COAST

THE BIG FASHION ISSUE

UNO

CONTENTS

HISTORY

雨あり虹あり 7年間の成長記

一直線に右肩上がりに来たわけじゃなかった。どしゃぶりの日も、嵐の日もあった。でもその後にはいつも、ひときわ大きな虹が出た。虹コンの7年間を振り返る。

2014

5月16日 ●クリエイターアイドル「つくドル!」発掘オーディション開催を発表。

7月22日 ●虹のコンキスタドール結成（奥村野乃花、木下ひより、重松佑佳、陶山恵実里、長田美成、中村朱里、西七海、根本凪、的場華鈴、吉村菜々）。グループ名とメンバーを発表。公式サイトおよび公式ブログ開設。

8月3日 ●東京・お台場・青海周辺エリアで開催された『TOKYO IDOL FESTIVAL 2014』でお披露目。

8月29日 ●公式ファンクラブ「虹コンだいすきクラブ」発足。

9月3日 ●SHOWROOMでレギュラー生配信番組『情報は夜の7時』をスタート。

9月7日 ●初の単独公演『中二病でもアイドルがしたい!』を東京・AKIBAカルチャーズ劇場で開催。鶴見萌が予科生として活動開始。メンバーを定期的に評価する「通信簿システム」を発表。

9月27日 ●東京・日本消防会館で開催された『ツギアニ!2014秋』に出演。『にじいろフィロソフィー』（1stシングル表題曲）を初披露。

10月25日 ●東京・六本木ヒルズ展望台で開催された『pixiv祭』に参加。公式テーマソング『ぴくしぶおんど』のCDを1万枚限定で無料配布。

10月26日 ●『小田原城アイドル祭!!』に出演。

10月30日 ●鶴見萌が正規メンバーに。

11月2日 ●月例公演で『トライアングル・ドリーマー』を初披露。

11月3日 ●第2期「つくドル!」オーディションの開催を発表。

11月22日 ●鶴見萌が台湾・台北市・松高路平面停車場で開催された『SUPER GIRLS EXPO 最強美少女博覧会』の公式サポーターに就任。

12月4日 ●鶴見萌が、『マインクラフト』（SIE. Inc.）を楽しむためのブログ・動画コンテンツ〝マイクラ部〟の部員に。2年半以上にわたり活動。

12月5日 ●鶴見萌がシンガポール・Suntec Singapore Convention & Exhibition Centerで開催された『Anime Festival Asia 2014』のオフィシャルサポーターに就任。

12月17日 ●**1stシングル『にじいろフィロソフィー』を発売。**

2015

1月11日 ●初のワンマンライブ『革命的×××』を東京・新宿BLAZEで開催。第2期生オーディション合格者3名（大塚望由、甲斐莉乃、大和明桜）をお披露目。奥村が「一緒に革命を起こしていきましょう!」と会場を盛り上げた。『やるっきゃない!2015』（2ndシングル表題曲）を初披露。

1月20日 ●Kawaiian TVで初のレギュラー番組『虹コンの草生えるテレビ』がスタート。

2月1日 ●定期公演『導かれし者たち』を開催。

2月22日 ●第3期「つくドル!」オーディションの開催を発表。

4月8日 ●**DVD『革命的×××』を発売。**
●**2ndシングル『やるっきゃない!2015／ブランニューハッピーデイズ』を発売。**

4月21日 ●定期公演『バトルだ!!』を開催。赤組と青組でそれぞれ公演を行い、チケット売上枚数の合計で勝敗を決める。結果、赤組が勝利。

4月25日 ●アイドル横丁新聞杯!!～4月の陣～にて優勝。

5月1日 ●タイ・Bangkok International Trade and Exhibition Centreで開催された『Anime Festival Asia Thailand 2015』に出演（奥村野乃花、木下ひより、西七海、的場華鈴、鶴見萌）。初の海外ライブを行う。鶴見は公式ブログで「海外の人が虹コンのパフォーマンスを生で見てくれている。その事実に震えました…!」。

5月3日 ●定期公演で『THE☆有頂天サマー!!』(3rdシングル表題曲)を初披露。

5月8日 ●新レーベル「FUJIYAMA PROJECT JAPAN」へ移籍。

6月24日 ●定期公演『平和の代償~バトルじゃないもん~』を開催。

7月14日 ●1周年記念イベント『フランス革命、ペリー来航、虹コン結成、これが7月14日の3大記念日なんだって!』を東京・アキバシアターで開催。鶴見萌は「1年前の私へ」と題した作文で「遅れながらも虹コンに入れて、受け入れてもらえて、本当に良かった!」と思いを伝えた。

7月20日 ●東京・ヒカリエにて開催されたBAPA卒業制作コラボライブ『2020年の渋谷系-次代のライブエンタテインメント-』に出演。

8月4日 ●第4期「つくドル!」オーディションの開催を発表。

8月12日 ●定期公演『バトル・ロワイアルだ!』を開催。

8月25日 ●**3rdシングル『THE☆有頂天サマー!!』を発売。**

8月29日 ●2ndワンマンライブ『第2回 虹のコンキスタドール チキチキ これやってみたかってん!絶対においしいワンマンライブ~全て倒すまで帰れま10~』を東京・笹塚ボウルで開催。大塚望由、大和明桜が予科生から正規メンバーに昇格。

9月30日 ●定期公演『トライアングル・レインボウ』を開催。

10月7日 ●定期公演『007スペクター』を開催。

10月21日 ●定期公演『007スペクター』を開催。これをもって、西七海が卒業。

10月24日 ●3rdワンマンライブ『虹コンなりのハロウィン・ナイト』を東京・渋谷クラブアトロで開催。木下ひよりが卒業し、ライブ内で卒業セレモニーを行う。

11月1日 ●新メンバーオーディションの開催を発表。

11月3日 ●**1stアルバム『レインボウスペクトラム』を発売。**中村は、公式ブログで『女の子むてき宣言!』をイチオシの楽曲としてプッシュ。

11月27日 ●シンガポール・Suntec Singapore Convention & Exhibition Centerで開催された『Anime Festival Asia 2015』に出演(長田美成、奥村野乃花、根本凪、的場華鈴、鶴見萌、~29日)。

12月26日 ●**DVD『虹コンなりのハロウィン・ナイト』を発売。**

1月7日 ●定期公演『虹色健康家族2016』を開催。

2月11日 ●**4thシングル『戦場の聖バレンタイン』を「聴けるTシャツ」として発売。**

2月14日 ●初のライブツアー『戦場の聖バレンタイン 東名阪TOUR~狙うは東京のトップオブザプリンス~』を東京・マウントレーニアホール渋谷からスタート(20日:愛知・HOLIDAY NEXT NAGOYA、21日:大阪・心斎橋サンホール)。

2月28日 ●初のライブツアーの追加公演『戦場の聖バレンタイン 東名阪TOUR 追加公演~好きなんだーっ!!!~』を東京・TSUTAYA O-WESTで開催。

3月5日 ●定期公演『虹色健康家族2016R(リターンズ)』を開催。

3月23日 ●新メンバーオーディションの開催を発表。

4月6日 ●定期公演『虹色児童館』を開催。

5月12日 ●根本凪が集英社「週刊ヤングジャンプ」の「サキドルエースSURVIVAL SEASON5」にグループを代表してエントリー。見事優勝を勝ち取る。

5月14日 ●黄組を発足させることを発表。

5月17日 ●**5thシングル『↑エイリアンガール・イン・ニューヨーク↑』を発売。**

5月18日 ●定期公演『虹色児童館』にて、5期生として予科生・隈本茉莉奈、清水理子、蛭田愛梨、山崎夏菜をお披露目。

5月22日 ●長田美成が脱退。

6月1日 ●定期公演『虹色児童館vol.4』で『限りなく冒険に近いサマー』(6thシングル表題曲)初披露。

6月10日 ●甲斐莉乃が卒業。

7月2日 ●神奈川・横浜・赤レンガパークで開催された『アイドル横丁夏まつり!!~2016~』に、ベースボールガールズのメンバーが「虹のコンキスタドール黄組」として登場。

7月4日 ●文化放送 超!A&G+で初のレギュラーラジオ番組『虹のコンキスタドール 毎日が放送部』がスタート。

7月10日 ●カナダ・ミシサガ市「Celebration Square」で開催された『Japan Festival Mississauga 2016』に出演。5千枚のうちわを配布。

7月13日 ●定期公演『虹サファリパーク』を開催。

7月16日 ●『虹のコンキスタドール2周年記念公演~赤青黄組み分け発表会~』を東京・新宿BLAZEで開催。5期生として新予科生・岡田彩夢をお披露目。

7月30日 ●『打ち上げ花火、ひとりで見るか?、みんなで見るか?』を、東京・富士ソフトアキバプラザにて開催。

8月13日 ●台湾・台北市・台北世界貿易センター第一号館で開催された『台湾漫画博覧会』に出演(~14日)。

8月19日 ●タイ・SIAM PARAGON SHOPPING CENT

ERで開催された『Anime Festival Asia Thailand 2016』に出演（奥村野乃花、鶴見萌、中村朱里、大和明桜、山崎夏菜、～20日）。イベントのメイン会場でライブを行う。

8月27日 ●『全国4都市TOUR2016　限りなく冒険に近いツアー～東京編～』を東京・恵比寿LIQUIDROOMで開催。シングル曲を発売順にノンストップで披露した昼公演（初級）について、陶山は「本当にすっきりラーメンのように観やすい公演だったなあ」と公式ブログでコメント。夜公演（上級）では『パラダイスな片思い』を初披露。

9月9日 ●日本テレビ『バズリズム』にてスタジオライブを披露。

9月10日 ●『全国4都市TOUR2016　限りなく冒険に近いツアー～福岡編～』を福岡・LIVEHOUSE CBで開催。重松佑佳がグループを卒業。

9月20日 ●**6thシングル『限りなく冒険に近いサマー』を発売。**楽曲タイトルにちなみ、インタビューでこれまで経験した限りなく冒険に近い出来事を聞かれ、奥村は「一人で焼き肉をするためにスーパーに冒険に行きました」と回答。

10月19日 ●定期公演『虹色おえかき広場』を開催。

11月2日 ●定期公演『虹色おえかき広場vol.2』で、6期生として新予科生・片岡未優をお披露目。

11月26日 ●奥村野乃花、鶴見萌、中村朱里がシンガポール・Suntec Singapore Convention & Exhibition Centerで開催された『Anime Festival Asia 2016』に出演（～27日）。

12月13日 ●**2ndアルバム『レインボウエクリプス』を発売。**

12月19日 ●**7thシングル『LOVE麺恋味　やわめ』を「聴けるラーメン」として発売。**パッケージおよび焼きのりに楽曲がダウンロードできるQRコードがプリントされた。

2017

1月9日 ●**8thシングル『レトルト～華麗なる愛～』を「食べれる?!シングル」第2弾として発売。**秋葉原カリガリとコラボしたレトルトカレーのパッケージにQRコードがプリントされた。

●ワンマンライブ『どうしても言いたいことがあるんだよ～虹コンから大切なお知らせがあります～』を神奈川・川崎CLUB CITTA'で開催。セットリストを投票で発表する「第1回虹コン楽曲大賞」でファンが選んだ上位10曲を披露し、1位に『大キライでした。』が選ばれた。また、『レトルト～華麗なる愛～』（8thシングル表題曲）、『†ノーライフベイビー・オブ・ジ・エンド†』（9thシングル表題曲）を初披露。新ユニットとして「サジタリアス流星群（虹のコンキスタドール青組）」が結成。岡田彩夢、清水理子、蛭田愛梨、山崎夏菜が予科生から正規メンバーに昇格。大和明桜が青組から赤組へ。

1月18日 ●定期公演『レインボウディスコ』を開催。

3月5日 ●主演映画『聖ゾンビ女学院』が『ゆうばり国際ファンタスティック映画祭2017』に出品。赤組が北海道・ゆうばりホテルシューパロで開催された上演前のライブ『ゆうばりファンタスティックアイドル音楽祭!』に出演。

●蛭田愛梨の生誕イベント『小悪魔あいりちゃん13さいになるんだって!～spring halation～』を東京・南青山For you Studioで開催。

3月12日 ●アイドルネッサンスとの2マンライブ『虹をかけるネッサンス』を東京・SHIBUYA WWWXで開催。

3月15日 ●根本凪の生誕イベント『「大人」っていう駅まで学割でいくらですか!?～IBARAKIネモちゃん18歳高3～』を東京・AKIBAカルチャーズ劇場で開催。

3月19日 ●東京・フジさんのヨコで開催された『フジテレビ・ミステリーツアー』に出演。

3月24日 ●フジテレビのアイドル密着ドキュメント番組『アイドリアル』に出演。

4月2日 ●『集まれ!虹コンファミリー～ひとりでできるもん!全曲ソロ公演～vol.1』を東京・AKIBAカルチャーズ劇場で開催。

4月5日 ●メジャーデビューDVDシングル『†ノーライフベイビー・オブ・ジ・エンド†』の先行配信がスタート。

4月6日 ●鶴見萌と中村朱里がJ:COMチャンネル『ユニバーサル・スタジオ・ジャパンでTKO』に出演。

4月8日 ●台湾で開催された『TALE in Wonderland TAIWAN』に出演（～9日）。

4月10日 ●マーキー・インコーポレイティド「MARQUEE」でメジャーデビューを記念した10ページ特集が掲載。

4月21日 ●タイ・バンコクで開催された『タイランドコミックコン2017』に出演（～23日）。

4月25日 ●『虹のコンキスタドール　パネル展』を東京・タワーレコード新宿店で開催（～5月7日）。

4月26日 ●**9thDVDシングル（メジャーデビューDVDシングル）『†ノーライフベイビー・オブ・ジ・エンド†』を発売。**

4月27日 ●全国のヴィレッジヴァンガードで配布されるフリーペーパー「V

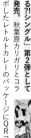

magazine」の表紙に登場。

●メジャーデビュー記念イベントを東京・池袋サンシャインシティ噴水広場で開催。的場が「アニメの主題歌も歌いたい」と意気込みを語った。

5月2日 ●鶴見萌、中村朱里、根本凪、清水理子がAbemaTV『矢口真里の火曜The NIGHT』に出演。

5月4日 ●主演映画『聖ゾンビ女学院』完成披露試写会を東京・シネマート新宿で開催。

5月5日 ●映画『聖ゾンビ女学院』メイキングDVD発売インストアイベントを東京・アキバ☆ソフマップ1号店で開催。これをもって、大塚望由が卒業。

5月10日 ●定期公演『ライブハウスAKIBAカルチャーズ劇場へようこそ vol.1』を開催。

5月12日 ●テレビ朝日『アイドルお宝くじ』に出演。

5月23日 ●大和明桜の生誕イベント『第2回 とりあえず祝の1曲打ちますか!』を東京・下北沢CLUB251で開催。

5月25日 ●山崎夏菜の生誕イベント『仮契約の15歳~天才・チャンスの元気が出る生誕!!~』を東京・恵比寿CreAtoで開催。

5月27日 ●主演映画『聖ゾンビ女学院』公開。公開記念舞台挨拶を東京・シネマート新宿で開催。奥村野乃花は、「昨日はアイドルとしてライブをしていました。今日は会場の空気感が全然違うので緊張していますが、女優なので明るくがんばりたいと思います（笑）」とコメント。

5月31日 ●定期公演『ライブハウスAKIBAカルチャーズ劇場へようこそ vol.2』で『キミは無邪気な夏の女王~This Summer Girl Is an Innocent Mistress~』(10thシングル表題曲)を初披露。

6月3日 ●根本凪が出演の映画『実写版トモダチゲーム劇場版』が公開。

6月7日 ●中村朱里と陶山恵実里が声優として出演のPS Vita ゲーム『ねぷねぷ☆コネクト カオスチャンプル』が配信開始。

6月14日 ●定期公演『ライブハウスAKIBAカルチャーズ劇場へようこそ vol.4』で『じゃんぷ!』(10thシングル表題曲)を初披露。

6月19日 ●鶴見萌、中村朱里、根本凪が徳間書店『OVERTURE 011』の「俺たちのBL論・著者 サンキュータツオ先生にBLを学ぼう!」に登場。

6月25日 ●スペシャルイベント『虹みる☆ディアステージ』を東京・秋葉原ディアステージで開催。

6月28日 ●定期公演『ライブハウスAKIBAカルチャーズ劇場へようこそ vol.6』で『夏の夜は短すぎるけど…』(10thシングル表題曲)を初披露。

7月5日 ●定期公演『アキカルサマーの夏が来る! vol.1』を開催。

7月7日 ●フランスで開催された『Japan Expo 2017』の「SAIKO!STAGE(SAIKO!JAPANエリア)」、「Live @Ichigo Stage」に奥村野乃花、鶴見萌、中村朱里、根本凪、的場華鈴、大和明桜が出演（~9日）。

7月8日 ●神奈川・横浜赤レンガパークで開催された『アイドル横丁夏祭り!!~2017~』に出演（~9日）。

7月12日 ●根本凪が講談社「週刊少年マガジン」の「マガスゴ新世代グラビアクイーン特集」に登場。

7月15日 ●台湾・台湾Jack's Studioで開催された『IDOLidge Carnival in TAIPEI FINAL』に出演（~16日）。

7月22日 ●石川・山代温泉瑠璃光で開催された『加賀温泉郷フェス2017』に出演。

●岐阜・桃配運動公園で開催された『SEKIGAHARA IDOL WARS 2017 ~関ケ原唄姫合戦~』に出演。

7月28日 ●1st写真集『Rainbow Island』発売。

8月3日 ●的場華鈴が集英社「週刊ヤングジャンプ」の「サキドルエースSURVIVAL SEASON7」にグループを代表してエントリー。準優勝し、表紙に登場及び水着グラビアが掲載される。

8月6日 ●東京・お台場・青海周辺エリアで開催された『TOKYO IDOL FESTIVAL 2017』に出演。

8月8日 ●岡田彩夢の生誕イベント『みんなと夢を彩りたい!~吾輩は17歳である~』を東京・新宿MARZで開催。

8月10日 ●『二度あることは三度ある!! 虹コンファミリー夏の大ボウリング大会~全て倒すまで帰れま10~』を東京・笹塚ボウルで開催。

8月12日 ●台湾・世界貿易センター第一号館で開催された『台湾漫画博覧会』に出演（~13日）。

8月13日 ●ワンマンライブ『だって一度きりのThisサマーっ!! in 台湾』を台湾・台湾 Jack's Studioで開催。

8月19日 ●ワンマンライブ『だって一度きりのThisサマーっ!!』を大阪・バナナホールで開催。

8月20日 ●ワンマンライブ『だって一度きりのThisサマーっ!!』を東京・shibuya DUO MUSIC EXCHANGEで開催。片岡未優と隈本茉莉奈が予科生から正規メンバーに昇格。

8月25日 ●MXテレビ『ひるキュン!』の生放送に出演。

8月26日 ●神奈川・横浜アリーナで開催された『@JAM EXPO 2017』に出演（~27日）。

●埼玉・さいたまスーパーアリーナで開催された『Animelo Summer Live 2017』に出演。

8月31日 ●東京・TSUTAYA O-EAST で開催された『アジア最終予選 -ROAD TO RUSSIAパブリックビューイング 日本代表vsオーストラリア代表』に参加。

9月2日 ●根本凪の出演映画『トモダチゲーム劇場版FINAL』が公開。神奈川・イオンシネマ港北ニュータウン、東京・ユナイテッド・シネマ豊洲、シネ・リーブル池袋で開催された舞台挨拶に登場。

9月5日 ●**10thシングル『キミは無邪気な夏の女王〜This Summer Girl Is an Innocent Mistress〜／じゃんぷ!／夏の夜は短すぎるけど…』を発売。**

9月6日 ●講談社「週刊少年マガジン」の「マガスゴ」に登場。

10月8日 ●秋のワンマンLIVEツアー『衝動的etc』が愛知・名古屋ell.FITS ALLからスタート（9日：大阪・umeda TRAD、21日：東京・渋谷WWW X）。

10月10日 ●根本凪、的場華鈴が光文社「フラッシュダイアモンド」に登場。

11月3日 ●【赤組】千葉・幕張メッセ国際展示場で開催された『冬スポ!!WINTER SPORTS FESTA17』に出演。【青組】神奈川・神奈川県立観音崎公園内観音崎園地で開催された『第15回観音崎フェスタ』に出演。

11月5日 ●主催公演『虹コン現象W』を東京・AKIBAカルチャーズ劇場で開催。片岡未優が『ラブライブ!』の南ことり風のヘアで『Snow halation』をカバーし、会場を沸かせた。
●根本凪が東京・文化放送メディアプラスホールで開催された『A&G NEXT BREAKS 黒沢ともよのFIVE STARSソロイベント』に出演。

11月8日 ●**Blu-ray&DVD『聖ゾンビ女学院』を発売。**

11月15日 ●根本凪が出演したキャラクター作画の教材本『DVDビデオ付き！アニメ私塾流 最速でなんでも描けるようになるキャラ作画の技術』が発売。

11月18日 ●滋賀・守山市民ホールで開催された『SHIGA IDOL COLLECTION 2017』に出演。
●テレビ東京系『ゴッドタン』に出演。

11月19日 ●神奈川・パシフィコ横浜で開催された『A&Gオールスター2017』に出演。

11月28日 ●鶴見萌が、スマートフォン向けバトルファンタジーRPG『SINoALICE（シノアリス）』（©Pokelabo Inc./SQUARE ENIX CO., LTD.）現実篇ティザーPVに出演。

12月1日 ●東京・品川プリンスホテルClub exで開催された『秋葉原ディアステージ 10th Anniversary DEARSTAGE SHOWCASE 2017 WINTER』に出演。

12月3日 ●主催公演『虹コン現象S』を東京・AKIBAカルチャーズ劇場で開催。アルバム『レインボウフェノメノン』の夏盤ジャケットでも着用しているセーラー服の新衣装をお披露目。的場は「こんな清楚なのが可愛く着こなせる系アイドルになりたいなあ」と公式ブログでひと言。

12月5日 ●鶴見萌の生誕イベント『Moet Is Still Here』を東京・新宿MARZで開催。

12月9日 ●東京・新宿文化センターで開催された『新宿区若者のつどい2017』に出演。

12月23日 ●ワンマンライブ『虹いろサンタがやってくる!』を東京・AKIBAカルチャーズ劇場で開催。サンタクロースの衣装が大好評！

12月25日 ●東京・タワーレコード渋谷店で開催された『虹コン・妄キャリ・ベボガ!・シンセカ presents Christmas Party Live 12.25 〜聖なる迷い人の集い〜』に出演。

12月30日 ●東京・Zepp Tokyoで開催された『アイドル横丁大忘年会!!〜2017円SP!!〜』に出演。
●的場華鈴の生誕イベント『的場華鈴17歳の挑戦!〜華のセブンティーン〜』を東京・表参道GROUNDで開催。

『キミは無邪気な夏の女王
〜This Summer Girl Is an Innocent Mistress〜』

『†ノーライフベイビー・オブ・ジ・エンド†』

2018

1月3日 ●東京・お台場・青海周辺エリアで開催された『TOKYO IDOL PROJECT×@JAM「ニューイヤープレミアムパーティー2018」』に出演。

1月7日 ●奥村野乃花の生誕イベント『のの祭り〜奥村野乃花生誕記念フェス〜』とワンマンライブ『2018 NEW YEAR RE[set1273/start1274]』を東京・マイナビBLITZ赤坂で開催。これをもって、奥村野乃花と陶山恵実里が卒業。『心臓にメロディー』(11thシングル表題曲)を初披露。的場華鈴がリーダーに就任。

1月8日 ●東京・Zepp Tokyoで開催されたラジオNIKKEI公開収録ライブ『アイドルジェネレーションvol.51 in Zepp Tokyo 〜2018年あけおめSP!!〜』に出演。

1月10日 ●**メジャー1stアルバム『レインボウフェノメノン』を発売。**収録曲『ふたりのシュプール』が『冬スポ!! Winter Sports Festa 2017』CMソングに。

●鶴見萌、中村朱里がニッポン放送『ミュ〜コミプラス』に出演。

1月21日 ●定期公演『レインボウクロニクル vol.1』を東京・AKIBAカルチャーズ劇場で開催。メジャー1stアルバム『レインボウフェノメノン』と同じ曲順のセットリストで公演。

1月28日 ●清水理子の生誕イベント『りっこりこにしてやんよ ver.2.1』を東京・恵比寿CreAtoで開催。

1月30日 ●中村朱里の生誕イベント『大人への第一歩!〜20th Birthday Party〜』を東京・新宿MARZで開催。

3月4日 ●東京・EXシアター六本木で開催された『でんぱ組.inc Road To 愛踊祭2018 〜全世界IDOL応援PROJECT〜[東京公演]』に出演。

3月5日 ●蛭田愛梨の生誕イベント『私アイリと申します。歳は14のバースデーガール!!』を東京・恵比寿CreAtoで開催。

3月9日 ●中村朱里が東京・R'sアートコート新大久保で開催された劇団☆ディアステージ第一回旗揚げ公演『殺し屋と悪魔』に出演(〜10日)。

3月16日 ●根本凪の生誕イベント『この瞬間 世界の中心は間違いなく根本凪 生誕祭2018』を東京・秋葉原ディアステージで開催。

3月18日 ●根本凪の生誕イベント『虹と電流とソーダ水と。〜さよなら星咲く日々〜』を東京・AKIBAカルチャーズ劇場で開催。

3月24日 ●『根本凪生誕VV編!コラボグッズ発売&インストアイベント』を東京・ヴィレッジヴァンガード渋谷本店で開催。

3月26日 ●根本凪と清水理子が東京・品川プリンスホテルClub eXで開催された『DEARSTAGE WEEK supported by japanぐる〜ヴ(BS朝日)』に出演(根本凪は29日も出演)。

3月28日 ●リアル脱出ゲームを企画運営する株式会社SCRAPとのコラボレーション『アイドルは100万回死ぬ2』の開催がスタート。'20年2月まで続くロングランとなる。タイアップソングとして『バスルームマジック』を提供。

4月1日 ●愛知・DIAMOND HALLで開催された『東海アイドル万博2018』に出演。

4月11日 ●中村朱里がトリプル主演の舞台『続・魔銃ドナー artificial dialysis』の公演がスタート(〜15日、東京・新宿村LIVE)。

4月15日 ●東京・新宿ReNYで開催された『@JAM THE WORLD 春のジャムまつり!2018』に出演。

4月18日 ●**11thDVDシングル『トライアングル・ドリーマー/心臓にメロディー』を発売。**人気楽曲だった『トライアングル・ドリーマー』がシングルリード曲に。

4月28日 ●千葉・幕張メッセで開催された『ニコニコ超会議2018』のリアル脱出ゲーム『ニコニコ超刑務所からの脱出』に出演。

4月29日 ●**12thシングル『バスルームマジック』を「入浴剤シングル」として発売。**MVでは、キュート&セクシーな入浴シーンも!

●ワンマンライブ『ステージなんか見上げてサイリウムなんか振ってあぁこれがアキカルってやつなのかもしれないわ』を東京・AKIBAカルチャーズ劇場で開催。『バスルームマジック』(12thシングル表題曲)を新衣装と合わせて初披露。

4月30日 ●鶴見萌がSHOWROOM『@JAM応援宣言!「@JAM THE WORLD」』に出演。

5月5日 ●鶴見萌と的場華鈴がFM FUJI『劇団サンバカーニバル』に出演。

5月6日 ●ワンマンライブ『虹の大三角形直前SP 〜Prologue of Rainbow〜』を東京・AKIBAカルチャーズ劇場で開催。

5月9日 ●『ワンコインL-IVE! in 高円寺HIGH』を東京・高円寺HIGHで開催。

5月18日 ●東阪ツアー『虹の大三角形 in 東京 〜The Story of Rainbow〜』を東京・EX THEATER ROPPONGIからスタート。8期生として新メンバー山本莉唯をお披露目。12人体制での新曲『ずっとサマーで恋してる』(13thシングル表題曲)を披露(19日:大阪・ESAKA MUSE)。

●清水理子のソロデビュー曲デジタルシングル

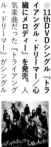

『Colorful〜あなたといた時間〜』が配信開始。

5月24日 ●大和明桜の生誕イベント『第3回とりあえず祝の1曲打ちますか！〜JKとローマーンスー〜』を東京・表参道GROUNDで開催。

5月25日 ●山崎夏菜の生誕イベント『せーのでチャチャチャ！キュアチャンス誕生!!』を東京・Zirco Tokyoで開催。

5月26日 ●東京・Zepp DiverCity（TOKYO）で開催された『@JAM 2018』に出演。

6月1日 ●根本凪が講談社「FRIDAY」に登場。

6月3日 ●東京・サンリオピューロランドで開催された『夢みる☆ディアステージ in サンリオピューロランド 2018 2度寝』に出演。

6月9日 ●東京・AKIBAカルチャーズ劇場で開催された『ロックの日だよ全員集合！ AKIBA HEAT UP LIVE!!』に出演。

6月23日 ●東京・Zepp Tokyoで開催された『ラジオNIKKEI公開収録ライブ「アイドルジェネレーション vol.53 in Zepp Tokyo 〜 Rainbow Refrain〜」』に出演。

6月30日 ●的場華鈴が竹書房「TopYellNEO 2018 SUMMER」に登場。

7月7日 ●神奈川・横浜赤レンガパークで開催された『アイドル横丁夏まつり!!〜2018〜』に出演（〜8日）。

7月13日 ●根本凪が白泉社「ヤングアニマル」に登場。

7月15日 ●『虹コン!!灼熱夏祭り2018』を東京・STARRISE TOWERにて開催。

7月16日 ●『虹のコンキスタドール 5周年イヤー突入記念イベント〜まるごとのアイをキミに〜』を東京・マイナビBLITZ赤坂で開催。

7月21日 ●石川・山代温泉 瑠璃光で開催された『加賀温泉郷フェス2018』に出演。

7月22日 ●岐阜・桃配運動公園で開催された『SEKIGAHARA IDOL WARS 2018 〜関ケ原唄姫合戦〜』に出演。

7月26日 ●隈本茉莉奈の初生誕イベント『茉莉奈、20歳もあなたと一緒に居たいっちゃん♡〜Harmony Of Happiness〜』を東京・大塚Hearts Nextで開催。

7月29日 ●東京・六本木ヒルズアリーナで開催された『六本木アイドルフェスティバル2018』に出演。

8月3日 ●東京・お台場・青海周辺エリアで開催された『TOKYO IDOL FESTIVAL 2018』に出演（〜5日）。

8月8日 ●岡田彩夢の生誕イベント『Forever 青春〜高校3年生18歳の夏！〜』を東京・大塚Hearts Nextで開催。

8月12日 ●文化放送 超A&G＋『虹のコンキスタドールふわりん放送室』の番組公開イベントを東京・科学技術館サイエンスホールで開催。

8月25日 ●神奈川・横浜アリーナで開催された『JAM EXPO 2018』に出演（〜26日）。

8月26日 ●埼玉・さいたまスーパーアリーナ／けやきひろばで開催された『Animelo Summer Live 2018 "OK!"』に出演。

8月31日 ●中村朱里が出演する劇団☆ディアステージ第二回公演『コロちゃんと悪魔』の公演がスタート（〜9月2日、東京・新大久保R'sアートコート）。

9月12日 ●**13thシングル『ずっとサマーで恋してる』を発売。**

9月13日 ●中村朱里と鶴見萌が文化放送 超A&G『鷲崎健のヨルナイト×ヨルナイト』に出演。

9月16日 ●『ずっとサマーで恋してる』リリースイベントを東京ドームシティ・ラクーアガーデンステージで開催。山本莉唯が青組（サジタリアス流星群）への加入を発表。

9月22日 ●『2ZICON Member's Selection2018〜あの子の推し曲〜』を東京・AKIBAカルチャーズ劇場で開催。

10月3日 ●中村朱里が出演の舞台『クォンタム メモリーズ〜量子境界の観測者〜』の公演がスタート（〜8日、東京・新宿村LIVE）。

10月8日 ●定期公演『虹コンなりの体育祭』を開催。

10月21日 ●全国7都市ツアー『全国征服！-5th Anniversary レインボウツアー〜祭りだ！戦だ！東京だー!!〜』を東京・渋谷ストリームホームからスタート（26日：宮城・cube garden、27日：北海道・space Zero、12月8日：沖縄・桜坂セントラル、12月22日：愛知・名古屋E.L.L.、12月23日：大阪・バナナホール、12月24日：福岡・DRUM Be-1、'19年1月14日：神奈川・川崎CLUB CITTA'）。

11月3日 ●千葉・幕張メッセで開催された『冬スポ!!WINTER SPORTS FESTA18』に出演。

●清水理子が出演の映画『ボクはボク、クジラはクジラで、泳いでいる。』が公開。

11月4日 ●千葉・日本大学生産工学部で開催された『桜泉祭』に出演。

11月10日 ●『虹コンクイズアカデミア！』を東京・AKIBAカルチャーズ劇場で開催。

11月11日 ●滋賀・野洲文化ホールで開催された『SHIGA IDOL COLLECTION 〜 2018 Autumn〜』に出演。

11月22日 ●東京・日テレらんらんホールで開催された『わーすた Presents わんわんにゃんにゃん秋祭り』に出演。

11月25日 ●東京・東京理科大学葛飾キャンパスで開催された『かつしかアイドルステージ』に出演。

12月27日 ●音楽専門チャンネル「歌謡ポップスチャンネル」の『WOWOW PLUS MUSIC深夜1時の音楽タイム』で『虹コンの2時じゃないんかぁぁい!』が3カ月限定レギュラー放送開始（〜'19年1月8日）。

12月2日 ●『虹コン!! X'mas Party 2018』を東京・ベルサール西新宿で開催。

12月4日 ●鶴見萌の生誕イベント『鶴見萌生誕祭〜11&22〜』を東京・TIAT SKY HALLで開催。

12月7日 ●コラボカフェ『虹のコンキスタドールCafe』を東京・AREA-Q ANNEXで開催（〜30日、'19年1月4日〜14日、12月27日には限定イベントを開催）。

12月8日 ●『ファンクラブイベント in 沖縄』を開催（〜9日）。

12月12日 ●**初のベストアルバム（メジャー2ndアルバム）『THE BEST OF RAINBOW』を発売。**ファン投票により選ばれた曲目を収録。投票1位は『やるっきゃない！2015』、2位は『戦場の聖バレンタイン』、3位は『THE☆有頂天サマー!!』がランクインし、再レコーディング（『やるっきゃない！2015』は『やるっきゃない！2018』に）して収録された。また、収録曲『パウダースノーランデブー』は『冬スポ!! WINTER SPORTS FESTA 2018』のCMソングに。

12月14日 ●根本凪、鶴見萌、的場華鈴が白泉社「ヤングアニマル」の表紙&巻頭に登場。

12月22日 ●鶴見萌が出演の映画『ふたつの昨日と僕の未来』が公開。

12月25日 ●神奈川・横浜赤レンガホールで開催された『エアトリ presents 毎日がクリスマス2018「聖なる☆ディアステージ」』に出演。

12月30日 ●的場華鈴の生誕イベント『天使なんかじゃない！〜18歳、立派な虹コンの太陽になる〜』を東京・Zirco Tokyoで開催。

1月2日 ●東京・お台場、青海周辺エリアで開催された『ニューイヤープレミアムパーティー2019』に出演。

1月5日 ●イベント『虹コンなりの成人式』を東京・秋葉原ディアステージで開催。

1月14日 ●**14thシングル『本命ショコラティエ』を「チョコ石鹸シングル」として発売。**MVには、メンバーがチョコレートを渡しながら告白するシーンが！

●全国ツアーファイナルを神奈川・川崎CLUB CITTA'で開催。『本命ショコラティエ』（14thシングル表題曲）を新衣装と合わせて初披露。

1月20日 ●台湾・台北南港展覧館で開催された『第7回台北國際動漫節』に出演（〜21日）。

1月21日 ●台湾・CLAPPER STUDIOで開催された『SAMURAI GIRLS FESTIVAL 2019 WINTER in TAIPEI』に出演。

1月29日 ●清水理子の生誕イベント『SHIMIROCK FESTIVAL '19』を東京・大塚Hearts Nextで開催。

2月2日 ●中村朱里の生誕イベント『あかりんのゲーム大会2019』を東京・下北沢Gardenで開催。

2月7日 ●ライブ『緊急集合!!虹コン ワンコインライブ』を東京・新宿MARZで開催。

2月9日 ●北海道・KRAPS HALLで開催された『mini TIF in HOKKAIDO vol.1』に出演。

2月10日 ●東京・神田明神ホールで開催された『JAM GEM JUMP !!! リアルイベント〜先輩、勉強させていただきます!〜』に出演。

2月14日 ●ライブ『虹コンなりのバレンタイン』を東京・吉祥寺CLUB SEATAで開催。

2月17日 ●ライブ『#とにかく可愛い虹コン』を東京・代アニLIVEステーションで開催。

3月3日 ●香港・MUSIC ZONE@E-Maxで開催された『@JAM×TALE in HongKong 2019』に出演。

3月5日 ●蛭田愛梨の生誕イベント『あいり、JCからJKへ！ちゅーがくせい最後の生誕祭』を東京・大塚Hearts Nextで開催。

3月14日 ●イベント『虹コンなりのホワイトデー』を東京・ヴィレッジヴァンガード渋谷本店で開催。

3月16日 ●中村朱里が東京・神田明神ホールで開催された『eQリーグ2019 1stシーズン』に参加。
●ライブ『昨日誕生日でも（実話）、ディアステージ命』を東京・秋葉原ディアステージで開催。

3月24日 ●東京・渋谷WWW Xで開催された『LAVILITH音楽祭儀「Music Magi」1st coven』に出演。隈本茉莉奈、清水理子、中村朱里のスピンオフユニット「旋律MerryRonde」が結成され、お披露目される。以降、「LAVILITH with 旋律MerryRonde」でコラボ活動も始める。

3月25日 ●ライブ『虹コンなりの感謝祭』を東京・下北沢GARDENで開催。

3月27日 ●隈本茉莉奈がイベント『まりなとピアノごはん』を東京・Bar Vacancyで開催。

3月31日 ●根本凪の生誕イベント『sparkling×Metamorphose』を東京・表参道GROUNDで開催。

4月1日 ●ライブ『嘘か誠か!?時代は〝虹コン〟!!～Don't fool.FEEL!～』を東京・渋谷WWWで開催。『愛をこころにサマーと数えよ』（15thシングル表題曲）を初披露。

4月3日 ●冠ラジオ番組、渋谷クロスFM『虹コンのコレってラジオだったよね?』がスタート。隈本茉莉奈、山崎夏菜、大和明桜の3人がラジオMCに初挑戦する。

4月8日 ●旋律MerryRonde（隈本茉莉奈、清水理子、中村朱里）が東京・秋葉原ディアステージで開催されたFM FUJI『相沢梨紗のラジオ活動』の公開収録イベント『DSサテライト』に出演。

4月13日 ●中村朱里が東京・神田明神ホールで開催された『eQリーグ 2019 1stシーズン』に参加。

4月21日 ●東京・Zirco Tokyoで開催された『虹コンガールズミーティング』に出演。

4月26日 ●中村朱里が出演の舞台『劇団☆ディアステージ×トキヲイキル 合同公演「四月の霊」』の公演がスタート（～29日、東京・新大久保R'sアートコート）。

5月2日 ●東京・日比谷野外音楽堂で開催された『Dear☆Stage & Arc Jewel presents「THE GOLDEN IDOL FES 2019 IN 野音 ～帰ってきたゴールデンコンビ～」』に出演。

5月3日 ●東京・Zepp Tokyoで開催された『アイドルジェネレーション vol.56 ～2019：ゴールデンウイークSP in Zepp Tokyo』に出演。

5月4日 ●神奈川・山下公園で開催された『ヨコハマカワイパーク』に出演。

5月12日 ●『#絶対にお祭りデートできる虹コン』、『#絶対に結婚できる虹コン』を東京・代アニLIVEステーションで開催。

5月23日 ●大和明桜の生誕イベント『第4回 とりあえず祝の1曲打ちますか! ～キラキラセブンティーンはじめまーす♪～』を東京・大塚Hearts Nextで開催。

5月24日 ●鶴見萌、山本莉唯がシンコーミュージック「別冊IDOL FILE LOLITA & GOTHIC」に登場。

5月25日 ●山崎夏菜の生誕イベント『はなぢでた!17歳のチャンにフォーリンラブ♡』を東京・Zirco Tokyoで開催。

5月26日 ●東京・Zepp DiverCityで開催された『@JAM 2019 Day2 ～SUPER LIVE～』に出演。

6月7日 ●東京・Zepp Tokyoで開催された『ディアステージとパーフェクトミュージックがなにかを発表する合同ライブ。きりひらけ!れいわっ! at ZEPP TOKYO』に出演。

6月15日 ●『たぬきゅん&キティのズッ友♡Forever☆in サンリオピューロランド 2019』を東京・サンリオピューロランドで開催（～16日、22日、23日）。

6月28日 ●鶴見萌と的場華鈴がシンコーミュージック「IDOL FILE Vol.16 BIKINI」に登場。

6月30日 ●神奈川・OTODAMA SEA STUDIOで開催された『令和初の!ディアステージ海開きライブ』に出演。

7月10日 ●**15thシングル『愛をこころにサマーと数えよ』を発売。**清水理子は「2番は音が少なくなってエモくなるから、『はぁ～好きだな～!』ってなります」。

7月13日 ●『虹コン夏祭り!-ジャポニジフェス-』を東京・AKIBA_SQUAREで開催。

7月14日 ●『虹コン結成5周年AnniversaryLIVE～今年もあなたと過ごすサマー!～』を神奈川・YOKOHAMA Bay Hallで開催。ファンへの感謝の思いを込めて、『初めて虹を見つけた日のことを今でも覚えてますか』を披露。

7月15日 ●『虹コン結成5周年AnniversaryLIVE～今年もあなたと過ごすサマー!～』を大阪・umeda TRADで開催。

7月21日 ●初のバンド編成ワンマンライブ『RAINBOW JAM2019』を神奈川・神奈川県民ホールで開催。12月29日のZeppTokyoを初日としたツアーの開催が発表され、的場は「私たちは止まらずにずっと走っていきたいと思います!」と宣言。

7月28日 ●東京・六本木ヒルズアリーナで開催された『六本木アイドルフェスティバル2019』に出演。

7月29日 ●隈本茉莉奈の生誕イベント『茉莉奈とMelodious Night♡2019』を東京・大塚Hearts Nextで開催。

7月31日 ●的場華鈴が東京・渋谷WWW Xで開催された『DEARSTAGE新人ユニットお披露目LIVE』に出演。

8月2日 ●東京・お台場・青海周辺エリアで開催された『TOKYO IDOL FESTIVAL2019』に出演（～4日）。

8月10日 ●岡田彩夢の生誕イベント『帰したくない!帰さない!彩夢の虜になっちゃいな♡～うれし!はずかし!ときめき!LAST TEEN!～』を東京・表参道GROUNDで開催。

8月13日 ●愛知・Zepp Nagoyaで開催された『東海アイドル万博2019』に出演。

8月25日 ●神奈川・横浜アリーナで開催された『@JAM EXPO 2019』に出演。

9月1日 ●埼玉・さいたまスーパーアリーナで開催された『Animelo Summer Live 2019 -STORY-』に出演。

9月8日 ●東京・duo MUSIC EXCHANGEで開催された『ディアステ横丁～1丁目～』、『ワクワク♡

GAYNBOW ～魁の征服者～』に出演。

9月21日 ●第1回定期公演『ZeppTokyoへの道～初級編～』を東京・duo MUSIC EXCHANGEで開催。『Snowing Love』（18thシングル表題曲）を初披露。

9月22日 ●東京・恵比寿LIQUIDROOMで開催された『天晴れ！×虹コン×バンもん！ MAXX NAKAYOSHI 3マンライブ』に出演。

10月6日 ●『虹コンと一緒に♡/「RAINBOW JAM2019」応援上映会!!!』を東京・ユナイテッド・シネマアクアシティお台場で開催。

10月18日 ●**Blu-ray『虹コン結成5周年AnniversaryLIVE～今年もあなたと過ごすサマー！～&RAINBOW JAM2019』を発売。**

10月27日 ●第2回定期公演『ZeppTokyoへの道～中級編～』を東京・duo MUSIC EXCHANGEで開催。

10月30日 ●中村朱里が出演の舞台『ゲームしませんか?』の公演がスタート（～11月4日、東京・こくみん共済 coop ホール）。

11月3日 ●千葉・幕張メッセで開催された『冬スポ!! 19』に出演。

11月9日 ●滋賀・野洲文化ホールで開催された『SHIGA IDOL COLLECTION 2019 Autumn』に出演。

11月15日 ●鶴見萌が主演（W主演）の映画『FIND』が公開。東京・ユナイテッド・シネマお台場で開催された舞台挨拶イベントに登場。

11月18日 ●大和明桜が原宿 FUJIFILM WONDER PHOTO SHOPで開催された『TOKYO IDOL NET presents アイドルカメラ部 写真展 ソレイユの丘 2019』に参加。

11月24日 ●第3回定期公演『ZeppTokyoへの道～上級編～』を東京・渋谷WWW Xで開催。『響け！ファンファーレ』（16thシングル表題曲）、『ぼくらのターン』（17thシングル表題曲）を初披露。また、全3回の定期公演を通じて開催されていた「虹コンワクワク大好きクイズ」の最終戦が行われ、「ジーニアスシックスチーム」（大和、岡田、清水、鶴見、蛭田、山崎）が勝利。オリジナル楽曲を勝ち取った。

12月9日 ●鶴見萌の生誕イベント『23's Dinner Show』を東京・品川プリンスホテル アネックスタワーで開催。

12月25日 ●神奈川・横浜赤レンガ倉庫で開催された『エアトリpresents毎日がクリスマス～聖なる☆ディアステージ vol.2～』に出演。

12月29日 ●東名阪ツアー『RAINBOW JAM2019 -WINTER-』を東京・Zepp Tokyoからスタート（20年1月3日：大阪・umeda TRAD、1月5日：愛知・DIAMOND HALL）。目標であったZeppTokyoでのライブをかなえ、新たな目標として「私たち虹のコンキスタドールは武道館を目指します！」と的場が涙ながらに訴え、会場が拍手に包まれた。

12月30日 ●東京・新木場 STUDIO COASTで開催された『でんぱ組.inc presents 大忘年会2019!!!』に出演。

『虹コン結成5周年AnniversaryLIVE～今年もあなたと過ごすサマー！～』&『RAINBOW JAM2019』

2020

1月2日 ●東京・お台場・青海周辺エリアで開催された『TOKYO IDOL PROJECT × @JAM ニューイヤープレミアムパーティー２０２０』に出演。

1月12日 ●『新春！・２０２０だよ！ニジ祭り in秋葉原UDX』を東京・AKIBA_SQUAREで開催。

1月16日 ●的場華鈴が『的場華鈴 生誕祭 まとフェス』を東京・白金高輪SELENE b2で開催。

1月22日 ●**16thシングル『響け！ファンファーレ』、17thシングル『ぼくらのターン』、18thシングル『Snowing Love』を3タイトル同時発売。**『ぼくらのターン』がテレビ東京系アニメ『カードファイト!!ヴァンガード 新右衛門編』エンディングテーマ、『Snowing Love』が『冬スポ!!WINTER SPORTS FESTA19』のCMソングに。

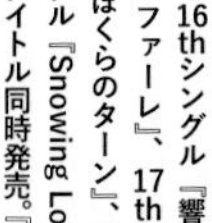

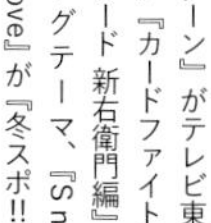

1月28日 ●清水理子の生誕イベント『SHIMIPOP FESTIVAL 2020』を東京・吉祥寺CLUB SEATAで開催。

1月30日 ●中村朱里の生誕イベント『あかりんぱーてぃー vol.1』を東京・表参道GROUNDで開催。

『愛をこころにサマーと数えよ』

2月1日 ●『コラボショップOPEN記念イベント』を東京・エンタバアキバで開催。

2月6日 ●鶴見萌が出演の舞台『Cutie Honey Emotional』の公演がスタート（～9日、東京・サンシャイン劇場）。

2月8日 ●中村朱里が千葉・幕張メッセで開催された『ジャパン アミューズメント エキスポ ２０２０』のタイトーブース「星のドラゴンクエスト キングスプラッシュ」プレイ実況解説イベントに出演。

2月10日 ●アプリ・JFN PARKで『虹コンのオバラジ～Over The Radio～』の配信がスタート（全4回）。

2月22日 ●定期公演『虹のコンキスタドール定期公演～虹コン春のカオス猫祭り～』を東京・duo MUSIC EXCHANGEで開催。チーム「ジーニアス6」の新曲『Genie!Genius!』を初披露。

2月24日 ●鶴見萌が1st写真集『le germe』の発売記念イベントを東京・LIVE HALL aube shibuyaで開催。

3月21日 ●LINE LIVEで『虹コン春のインターネット特典会』（赤組）を開催。

3月22日 ●LINE LIVEで『虹コン春のインターネット特典会』（青組）を開催。

3月28日 ●LINE LIVEで配信された『#DSPM STREAM FESTIVAL』に出演（～29日）。

4月3日 ●鶴見萌の1st写真集『le germe』を発売。
●根本凪の冠番組、IBS茨城放送『根本凪のシャカリキごじゃっぺラジオ』がスタート。

4月9日 ●冠番組、BS11『虹のコンキスタドールが本気出しました!?』がスタート。放送前の記者会見で、鶴見萌は番組MCをパンサーが務めることに対して「パンサーさんが出てきたときは『わー、芸能人だ！』ってなりました。でも安心感があります」とコメント。

4月20日 ●『夕暮れグラデーション』のMV制作企画が発表。公式Twitterで、MVで使用する夕暮れなどの写真を募集する。

5月5日 ●公式YouTubeチャンネルで『夕暮れグラデーション』のMVが解禁。応募された夕暮れ写真のなかから、最優秀賞が発表される。

6月1日 ●『虹のコンキスタドール初夏の合同誕生会！-蛭田愛梨／山崎夏菜／大和明桜／山本莉唯 配信ライブ by DSTV-』を開催。
●公式YouTubeチャンネルで『歴代の#虹コン夏曲紹介【メンバー解説付き】』を配信。的場華鈴はTwitterで「メンバーの癖強ひとことコメント付きです。今年の夏曲がさらに楽しみになる動画」とアピール。

6月10日 ●『虹コンアルバム発売直前スペシャル＆夏曲MV初解禁LINE LIVE』を開催。

6月17日 ●**メジャー3rdアルバム『レインボウグラビティ』を発売。**発売記念のSHOWROOMライブ配信を開催。

6月21日 ●配信ライブ『ONLINE YATSUI FESTIVAL! 2020』に出演。

7月4日 ●配信ライブ『サンリオピューロランドにエールを！～でぃあふぁみりぃ～』に出演。

7月5日 ●BSスカパー！『スカパー！ＧＵＥＳＴ LIVE』で『虹のコンキスタドール「RAINBOW JAM2019」@神奈川県民ホール』を放送。放送に合わせてYouTube Liveで『スカパー！GUEST LIVE「虹のコンキスタドール」とライブ生視聴SP』を配信。

7月6日 ●フジテレビ系『Love music』に出演。

7月10日 ●公式YouTubeチャンネルでJA全農とのタイアップ番組『全農 presents［届け！ファンファーム］』の配信がスタート（全12本）。第9話では稲刈りを体験。大和明桜は「（稲刈りは）初めてなのでその日は朝からワクワクでした。最初は苦戦して鎌を使うことも難しいと思いましたが、刈る瞬間、これが収穫かと感動し、楽しい気持ちになりました」とコメント。

7月12日 ●中村朱里が声優として出演したテレビ東京『忍者コレクション』がスタート。

7月14日 ●配信ライブ『虹コン結成6周年記念ワンマンLIVE "サマーとはキミと虹コンなりっ!!supported by BS11 "虹マジ"』を開催。生配信を行う。『サマーとはキミと私なりっ!!』（19thシングル表題曲）を初披露。的場は「全員が全員最前ですから！」とカメラに向かって叫び、無観客配信ライブを盛り上げた。

8月5日 ●**DVD『虹のコンキスタドールが本気出しました!?のSpecial～Vol.3を発売。**

8月15日 ●『ニコニコネット超会議２０２０夏』で行われた配信ライブ『超アイドル夏フェス～自宅が最前列 双方向で楽しもう～@JAM ONLINE FESTIVAL 2020』に出演。

8月25日 ●的場華鈴が参加する@JAM期間限定ユニット「るかりな」がシングル『Love the World』を発売。

8月30日 ●配信ライブ『@JAM ONLINE FESTIVAL 2020』に出演。

9月9日 ●中村朱里と的場華鈴が出演するテレビ東京『闇芝居（生）』がスタート。

9月12日 ●配信ライブ『無観客"Summer"ワンマンLIVE The Beginning of 12Stories』を東京・豊洲

PITで開催。生配信を行う。開催できなかった『"RAINBOW GRAVITY" THE SUMMER TOUR 2020』を視聴者とともに疑似体験するパフォーマンスも。約2時間半で32曲を披露し、"体力おばけ"の称号を体現!

9月16日 ●**19thシングル『サマーとはキミと私なりっ!!』を発売。**MVは、石垣島オールロケを敢行。

9月27日 ●的場華鈴と大和明桜が渋谷クロスFM『NONSTYLE井上の渋谷ジャック』に出演。

9月29日 ●東京・大手町三井ホールで開催された『10月2日は直売所の日PRイベント』に出演。

10月2日 ●配信ライブ『TOKYO IDOL FESTIVAL オンライン 2020』に出演。

10月18日 ●BS11『虹マジ』Presents 定期配信公演『虹のコンキスタドール ワンマンLIVE〜ハロウィンスペシャル〜』を開催。『恋・ホワイトアウト』(20thシングル表題曲)を初披露。

10月31日 ●的場華鈴と中村朱里が配信イベント『闇芝居宴(えん)〜愉しい宴をお届けします〜』に出演。

11月3日 ●東京・AKIBAカルチャーズ劇場、神田明神ホールで開催された『@JAM×アイドル横丁 presents「秋葉原アイドルサーキット」』に出演。

11月4日 ●**DVD『虹のコンキスタドールが本気出しました!?』Vol.4〜6を発売。**

11月21日 ●BS11『虹マジ』Presents定期配信公演『虹のコンキスタドール ワンマンLIVE〜大発表スペシャル〜』を開催。

11月27日 ●鶴見萌が出演、清水理子が主題歌『ツグム。』を歌う映画『真・鮫島事件』が公開。東京・池袋シネマ・ロサで開催された初日舞台挨拶に登場。ニコニコ生放送の公開記念番組に生出演。

12月3日 ●鶴見萌が出演する舞台『少女ヨルハVer1.1a』の公演がスタート(〜6日、東京・東京建物 Brillia HALL)。鶴見は全8公演を終えて「四号(役名)として生きられたこと、この先これ以上は無いんじゃないかと思うぐらい幸せでした」とツイート。

12月24日 ●約10カ月ぶりの有観客FC限定ワンマンLIVE『もしもこの世界が晴れたら目の前に君が笑顔で立っているの?〜supported BS11「虹マジ」〜』、ワンマンLIVE『RAINBOW PARTY!! 〜supported BS11「虹マジ」〜』を神奈川・KT Zepp Yokohamaで開催。的場華鈴は「やっぱりこうやってライブを通して同じ時間を共有できることが、虹コンにとっても私、的場にとっても生きがいなんだなと今すごく実感しております」と思いを語った。また、新メンバーオーディションの開催を発表。

12月27日 ●スペシャルイベント『さくら色シャワー』を東京・TSUTAYA O-EASTで開催。これをもって、片岡未優が卒業。

●鶴見萌と的場華鈴の合同生誕イベント『鶴見萌 Moet of the World』『的場華鈴 太陽の向こう側』を東京・TSUTAYA O-EASTで開催。

12月28日 ●大和明桜が、毎週月曜21時配信『@JAM応援宣言!"@JAM THE WORLD"』のMCに就任。

12月29日 ●的場華鈴が1stソロ写真集『太陽の向こう側』を発売。

2021

1月1日 ●TBS系『CDTVライブ!ライブ!年越しスペシャル2020→2021』に出演。

1月2日 ●東京・お台場・青海周辺エリアで開催された『TOKYO IDOL PROJECT×@JAMニューイヤープレミアムパーティー2021』に出演。

1月10日 ●中村朱里が声優として出演するテレビ東京『闇芝居』第8期がスタート。

1月13日 ●隈本茉莉奈がIQプロジェクト×ディアステージ コラボプロジェクト「ディアーQ東福合同ユニット」に参加することを発表。

1月29日 ●テレビ東京系『バイプレイヤーズ〜名脇役の森の100日間〜』の第4話に出演(中村朱里、

『サマーとはキミと私なりっ!!』

大和明桜、岡田彩夢、蛭田愛梨、山崎夏菜、山本莉唯）。山崎夏菜は「高校生のうちに高校生の役ができて嬉しかったです！」とコメント。

2月3日 ●**20thシングル『恋・ホワイトアウト』を発売。**4年連続『冬スポ!!WINTER SPORTS FESTA』のCMソングに。

3月6日 ●岡田彩夢が個展『Immortal≒いもーたる-!』を東京・ギャラリーくらげで開催（～14日）。

3月15日 ●根本凪の生誕イベント『根本凪生誕公演2021～根本凪のラビリンス～』を東京・東京キネマ倶楽部で開催。

3月17日 ●**Blu-ray『虹のコンキスタドール 無観客"Summer"ワンマンLIVE The Beginning of 12Stories』を発売。**

3月20日 ●的場華鈴の個展『的場華鈴ミュージアム「的場棒人間の世界」』を東京・ギャラリーくらげで開催（～28日）。

3月23日 ●スペシャルイベント『RIONYAN QUEST～最終章 最後のフフフ～』を東京・恵比寿LIQUIDROOMで開催。これをもって、卒業する山本莉唯がセットリストを制作。いちばん好きだという『大キライでした。』は、"見る専"のため客席横で観賞。「幸せな時間だったよ！最後サビでメンバーみんなが私に指さしてくれたのも嬉しかったし！やっぱりいい曲だよね！」とブログで語った。

3月26日 ●『ワンマンライブ直前虹コンLINELIVE』を配信。

4月3日 ●清水理子、中村朱里、蛭田愛梨の合同生誕イベント『清水理子 SHIMILOID FESTIVAL 2021』、『中村朱里 あかりんぱーてぃーvol.2』、『蛭田愛梨 HAPPY SEVENTEEN DAY』を東京・代官山UNITで開催。

4月8日 ●公式YouTubeチャンネルでJA全農とのタイアップ番組『全農 presents [届け！ファンファーム シーズン2]』の配信がスタート（全24本）。

●的場華鈴と大和明桜がレギュラー出演するTOKYO FM『SCHOOL OF LOCK!』の「農業部 Supported JA全農」コーナーがスタート（第2、4木曜日に出演）。

4月11日 ●ワンマンLIVE『いつかキミと見たミライより遥か』を東京・LINE CUBE SHIBUYAで開催。9期生として元メンバー・大塚望由の復帰、新メンバー桐乃みゆをお披露目。12人の新体制で『心臓にメロディー』を披露した。

4月17日 ●岡田彩夢が1stソロ写真集『体温がちょっと上がるだけ』の発売記念イベントを開催。撮影でのエピソードを聞かれ、「めちゃくちゃキツネが好きで、死ぬまでに一度会ってみたいという私の願いをかなえてくださった」とコメント。写真集の自己採点を聞かれ「5億点です!!」と元気に答えた。

4月24日 ●東京・新宿BLAZEで開催された『@JAM THE WORLD 春のジャムまつり！2021』に出演。

4月25日 ●清水理子がソロシングル『あなたへ』発売記念オンラインスペシャルトークショーを開催。

5月2日 ●『#DSPMGOLDENFES【DAY2／昼の部】虹のコンキスタドール女性限定イベント「虹コンガールズミーティングvol.2」』を東京・代官山UNITで開催。

5月8日 ●『虹コンオーディション2021ファイナル』ステージ審査をオンラインで開催。

5月9日 ●夏曲『世界の中心で虹を叫んだサマー』を先行配信リリース。

5月12日 ●清水理子がソロデビューシングル『あなたへ』を発売。発売記念インターネットサイン会を開催。

5月21日 ●清水理子がエンディングテーマ『あなたへ』を歌う映画『お終活 熟春！人生、百年時代の過ごし方』が公開。

5月30日 ●東京・Zepp DiverCityで開催された『@JAM 2021 Day2～SUPER LIVE～』に出演。

6月18日 ●山崎夏菜と大和明桜の合同生誕イベント『大和明桜 第5回 とりあえず祝の1曲うちますか！～19才未成年の主張～』、『山崎夏菜ナインティーンはみりぃねん♡』を東京・TSUTAYA O-WESTで開催。

7月3日 ●『虹コンオーディション2021ファイナル』最終審査。石原愛梨沙が新メンバーに。

7月10日 ●『RAINBOW SUMMER SHOWER TOUR 2021』が川崎CLUB CITTA'でスタート。

7月14日 ●結成7周年。Anniversary EP『RAINBOW SUMMER SHOWER』発売。

8月1日 ●『RAINBOW JAM2021-SUMMER SHOWER-』が東京 Zepp DiverCity(TOKYO)で開催。

TO BE CONTINUED

根本凪

いまの虹コンなら
もっと高みを目指せます

PROFILE

ねもと・なぎ　'99年3月15日生まれ　茨城県出身　虹コンの初期メンバー。でんぱ組.incも兼任する。趣味は絵を描くこと、カメラ、散歩。公式Twitter（@nemoto_nagi）、Instagram（@nemonagi）

虹コンとでんぱ組を兼任し、グラビアアイドルとしても活躍する〝シャカリキごじゃっぺ娘〟の根本凪。中学時代からひきこもり、ただ時間の経過を耐える日々を送るなか、でんぱ組の楽曲『W.W.D』に心をつかまれ、自分を変えたい一心で虹コンのオーディションに応募したという。加入直後に「辞めたい」とプロデューサーに直訴した話は有名だが、いまでは「虹コンこそが自分のホーム」だと認め、虹コンを守るために闘う日々を送っている。自分自身がアイドルに救われた経験を生かし、悩める人の心に寄り添い続ける彼女が、アイドルを続ける意味とは――。

――学校になじめずひきこもりだったことを公言されていますが、虹コンは自分の居場所だと感じられていますか？

いまはすごく居心地が良くて、私のホームは虹コンしかないって思います。

私は頭に浮かんだことは場にそぐわなくてもすぐ口に出しちゃう。空気を読めないから、普通の職場や学校だったら、一人で弁当を食べる状況になるんだろうなって思います。でもメンバーやファンの皆さんは、私をおもしろいって受け入れてくれる。まわりに生かされてると感謝して、日々アイドルをやってます。

特にいまは虹コンの空気がすごくいい感じ。全員に見せ場があって、十人十色の声とキャラクターすべてが、虹コンに必要とされている空気感で活動できてる。全員での撮影で、わちゃわちゃ仲良くしている風景を見て、幸せだな～って噛み締めてました。『ずっとサマーで恋してる』あたりまでは、けっこうピリピリしてたんです。あのころから月日を経て、なにげなく仲良くできる空気が、本当に居心地が良くて幸せ。

――でも最初はなじめなかった。

人と打ち解けるのが苦手だから、最初のころは「辞めたい」って言い続けて、体調が悪くなって地元に帰った時期もありました。それでも卒業しなかったのは、ほかに卒業するメンバーが多くて、虹コンはそういうグループだって見られるのが嫌だったから。意地でも辞めないぞって気持ちでした。

それからみんなに支えてもらって、「虹コンがホームなんだ」って感じたのは、でんぱ組と兼任し始めたころ。でんぱ組では、レジェンドな人たちが隣にいて、ずっと気を張っている状態。そこから帰ってくると、虹コンはすごく安心できる場所なんだってあらためて気づいたんです。

――根本さんがひきこもりだったころに「自分を変えたい」

と思ったきっかけがでんぱ組でした。兼任が決まったとき、どんな気持ちだったんですか？

中途半端にやって大好きなグループに泥を塗ることだけは絶対に避けたかったです。物覚えが悪くていちばんダンスもできないから、ほんとうならやりたくなかったくらい。

兼任が決まったのは、ののたが卒業するときで、虹コンが解散するかも、ってなったタイミングでした。「虹コンを続けるためにも、でんぱ組と兼任して」って言われて、虹コンを続けるためなら…って思って、決めました。恩着せがましい言い方になっちゃったけど（笑）、自分にできることがあるなら、って気持ちでした。

――兼任し始めて、いまではでんぱ組は根本さんにとって、どういう場所になったのでしょうか。

そうですね…。私の変な言動をみんなが拾ってくれて、全然浮かなかったし、えいたそさんもすごく仲良くしてくれて、ありがたかったです。でも、どちらかというと、でんぱ組は私にとって〝修行の場〟という感じです。でんぱ組で学んだことを虹コンに持ち帰る、遣隋使みたいなイメージ。

――命を落とす危険性もある、過酷な海の旅と同じ覚悟を持って挑んだわけですね。

最初はたぶん死ぬって思いながら、兼任してました。ちゃんとできる確信なんかなかった。

――実際、「どちらかを辞めるくらいなら死ぬ」と言っていたそうですね。

加入が決まったとき、「でんぱに新メンバーなんていらない」「虹コンを裏切った」って言われて。めちゃめちゃ腹が立って、だったらどっちもやってやるよ！ って怒りにつながって、兼任する決意ができたんです。結果的には、アンチのみんなには感謝してます。何かを頑張るとき、怒りがパワーにつながることが多いです。

――兼任した先のでんぱ組では、どんなことを学びましたか？

パフォーマンスの面では、歌い方の引出しが増えました。でんぱ組の曲って、すごくジャンルが幅広いので、曲ごとに新しい自分に出会える。こぶしを利かせたり、語尾を上げてぶりっ娘したり。でんぱ組で学んだことを虹コンの曲でも生かして歌ってます。

人間的な部分では、でんぱ組は芯が強くてしっかりした人ばっかりだなって思いました。人の話をちゃんと聞いて、茶化したりせず、悪く言わない。エキセントリックな部分と、ちゃんとした部分が両立してて、ついていきたいって思わせてくれる。アイドルとして表に立つには、自分を発信したいって強い気持ちと同時に、芯の強さも持つバランス感が重要なんだって勉強になりました。
　あとは会議の仕方やセトリの決め方なんかも。虹コンはみんなで丸くなってやることが多かったですけど、ホワイトボードに書くと円滑に進むよとか、しょうもないですけど、的場に耳打ちしたりしました。虹コンでも定着してきましたね。

くじけなかったのは水着のおかげ

——根本さんはグラビアでも活躍されています。過去のインタビューでは、水着グラビアによって自分に自信を持てたと語っています。

　虹コンにいて、くじけなかったのは、水着のおかげが大きかったかも。1年めの夏曲で初めてビキニタイプの水着を着て、もふくさんに「いいもん持ってるじゃん」って言われて。MVでもいいポジションに立てて、グラビアのお仕事を持ってきてもらえるようになった。それまで自分には何もないって思ってて、自己肯定力が低くて海底2万マイル（?）だったのが、ちょっとだけ芽が出た感じ。
　初めて雑誌でソログラビアをやったときは、自分のためにロケバスが出て、自分のためのメイクさんとスタイリストさんがいる世界。なにこれ、芸能人みたいじゃん、ヤバい、場違いだと思って震えてました。でも撮影中に「目がきれいだね」「かわいい」って褒めてもらえて、本になって、ファンのみんなが「良かったよ」って言ってくれるのがすごく嬉しかった。水着グラビアをやったことでアンチも増えたけど、それ以上に、自分にもできることがあるんだって思えるのが嬉しくて。
　ゲームでいうと、何もないアバターに乳のパーツがついたイメージ。アイドルを続けるうちに、緑、ミントグリーンの服を着て、髪型も確立されて、カワウソのアイコンがついて、スキルも上がって…。キャラデザのパーツやスキルのストックが増えてきたんだと思います。いま話しててようやく腑に落ちた。水着という鎧パーツを着ることで、ちょっとだけ強気になれた、大切なアイテムなんです。

——自己肯定力を徐々に上げながら、活動を続けられた理由として、支えてくれるファンの存在も大きいのではないでしょうか。

　私なんかに時間を割いてくれる人がいるのが信じられないし、ありがたいし、大好きって思ってます。特に嬉しいのはTwitterのリプライ。ひきこもり時代からインターネットが大好きで、SNSがあると〝一人じゃないんだ〟って気持ちになれる。もちろん

アイドルをやってきて史上最強に嬉しい瞬間でした

ライブや握手会に来てくれるのも嬉しいけど、それ以外の時間をわざわざ割いて、寄り添ってくれるなんて、アイドルをやってなかったらありえない、非現実的な体験ですよね。広大なインターネットの海から、私を見つけてくれてありがとうって気持ちになります。特にちゃんとディグってから話しかけてくれる人はラブ。ネットをちゃんと使う人間は信頼できる。

　絵を描いてくれたり、レポートを上げてくれたり、その日あったことを報告してくれたり。私が落ち込んでいるときに、かわいい猫の画像を送ってくれたり、家族みたいな気持ちになる。一人暮らししてるから、よけいにそう思うのかもしれないけど。

　手紙を送ってくれるのも好き。手書きの文字ってより深く心に届くし、私が好きなキャラクターの便箋を選んでくれたり、細やかなことまで気にしてくれて。ゆっくりご飯を食べたり、お風呂に入ったり、誰かのインスタライブを観たり、ゲームをしてもいい時間を、私に割いてくれる。家族じゃないし、恋人にもなれないけど、みんなのことが本当に好きだなって思います。

――ファンとのつながりを感じるなかで、特に印象に残っている出来事はありますか？

　最近は握手会じゃなくてオンラインでトークをやってるんですけど、ある方が、「自分もひきこもりだったけど、ねもちゃんを見たくて、久しぶりに家を出られた。ライブにも行けたから、次はツアーも行ってみようと思う」って伝えてくれたんです。アイドルをやってきたなかで史上最強に嬉しい瞬間だったかも。私もでんぱ組のDVDを観て、そろそろ自分を変えたいって思ったからわかるけど、家の外に出るには相当な勇気が必要だったと思うんです。そのお手伝いができた。自分がひきこもってた経験を生かせたことで、そのころの自分が肯定されたような気がする。アイドルって客席からは手が届かない遠い存在に見えるけど、歌や言葉で人の心に寄り添うことができる、素敵な仕事なんだって気づけました。

　正直、7年もあれば普通の人は就職したり、結婚したりいろんな経験をするわけで、私にはそれがない。でも人の心を救えることで、同時に救われている自分がいるんです。これからも、たまに辞めたいって思いながら、続けていくんだろうなって思ってます。

アイドルが天職だなと思います

――ひきこもり経験に加えて、パニック障害の治療を受けていることも公表しています。

　同じ悩みを持つ人が、少しでも楽になったりするかなって思ったんです。ライブ後に動悸が激しい状態でエンディングのためにステージに上がってじっとしてるときに、症状が出たこともありました。電車やタクシーに乗れなかったりする時期もあったけど、いまは徐々に大丈夫になりつつあります。

　現場に行くのがしんどいときもあるけど、いざ行けばやっぱり楽しいし、アイドルが天職だなって思う。うまく症状とつき合いながら、続けていこうと思ってます。

――7年前に思い描いていたことと比べて、いまの自分はどうですか。

　私は今日を生きるのに必死すぎて、こうなりたいっていうのがないんです。でも当時の自分にいまの自分を見せたら、きっと喜ぶんじゃないですかね。ちょっとだけ、歌がうまくなっていますし。アイドルになろうと思ったのは、歌が昔からほんとに好きだったから。歌を生業にできているのが、いちばん嬉しいです。

——では8年めからの虹コンに関して、どんなビジョンを持っていますか？

いまの虹コンならもっと高みを目指せると思ってます。ご時世的に声を大にして目標を掲げづらい状態なので、いまは定期的にライブをしてみんなと熱量を高めて、着実にパフォーマンス力を上げる。コロナ禍が明けたら一気に「武道館に行きます！」ってフェーズに入れたらいいなと思います。

そのためには変わらなきゃいけない部分もあると思っていて、いまの虹コンのライブって、良くも悪くもクオリティが一定なんです。安定感があるのは良い半面、爆発力に欠けるから、映像をふんだんに使ったり、衣装をたくさん着替えたり、数人ずつでユニット曲をやったり…。メリハリをつけた演出にすれば、印象が変わるはず。大きなステージに立っても、パフォーマンスはそこまで…ってグループには絶対になりたくない。武道館に見合うグループになりたいです。

私がずっと夢見てるのは、でんぱ組の最初の武道館ワンマン。あのくらい爆発力があって、グループの未来に期待を持てるようなライブができるようになりたいです。

——いまから7年後、どんなふうに過ごしていたいですか？

たぶん実家のカフェを継いでるんじゃないかな。体力的にもガタがきそうだから、自分の役目を終えたと思ったタイミングで引退してると思います。茨城だからファンだったみんなも来てくれそうだけど、コーヒー1杯で長時間居座らないで、ご飯も頼んでほしいですね（笑）。人気メニューはフルーツサンドです。

隈本茉莉奈の回答

アイドルといえば、サイン。サインの作り方、書くコツを聞いた。

「基本形は変わってないんですけど、書きやすいようにこれまで3、4回変えてますね。いまのものは、2、3年使ってるはずです。私は虹コンのなかでもサインに時間がかかるほうだと思います。茉莉奈の頭文字の『M』をクマの耳に見立てて、まわりにいろんな装飾を追加してる感じなんです。以前はクマの顔がのっぺらぼうだったり（笑）、装飾がなかったりした時期もありました。削ったり足したりして、書きやすくて見映えがするように改良したつもりです。いかがですか？」

BATTLE TALK 1

バトルトーク｜王道アイドル虹コンに聞け！①

アイドルのサイン、どう考えてる？

このコーナーでは「アイドルのスキル」について、虹コンメンバーに聞いてみます。まずは「サインを考え、書く技術」から

根本凪の回答

チェキ会ではファンと話しながら、小さなチェキにサインする。苦労もある。

「いまのサインは、同期の元メンバー・長田美成ちゃんに考えてもらいました。彼女は虹コンの前にアイドル経験があったので、書きやすいサインについて尋ねてみたんです。試しに書いてもらって『それもらう～』って感じで（笑）。1、2年めのころから比べると書きやすくなったけど、いまだにチェキ会で話しながらサインするのはへたくそで。手をインクまみれにしちゃいます。こないだも7周年の衣装を汚しちゃって。もはや『ね』くらいに簡略化させたいですね（笑）」

オタクな私だからできる提案をしています

岡田彩夢

PROFILE

おかだ・あやめ　'00年8月8日生まれ　熊本県出身　'17年1月に正規メンバーに。趣味はお絵描き、読書、オタ活。'21年には個展を開催した。公式Twitter(@okada_ayame)、Instagram(@okada_ayame)

オタクが集まる虹コンのなかで、最もガチ度が高いオタクで文学少女の岡田彩夢。大学で日本近代文学を学びつつ、個人名義でイラストの個展を開催、虹コンのYouTubeチャンネルにアップされる動画の撮影・編集など、多岐にわたる分野で才能を発揮するクリエイティブなメンバーだ。昨年のコロナ禍では、突如発症した発声障害に悩み、一時は卒業も考えた。しかし、ファンの支えがあり症状と闘いながらパフォーマンスを続けている。そんな彼女が見据える、7周年以降の虹コンの未来とは――。

――ファンやメンバーからは〝グループ随一のガチオタク〟といわれている岡田さん。もふくちゃんも「意志が強い、頑固なオタク」と話していました。自覚はありますか？

たしかに、自分でも頑固者だとは思います。二次元オタクだから理想が高くて、そのときどきの推しキャラに影響されています。でも現実の自分とのギャップがありすぎて落ち込むことが…。

――高い理想とは、たとえばどんな人物像なんですか？

実在するロールモデルがあるわけではなくて、好きなキャラクターたちの尊敬する部分を、粘土みたいにつけ足していって理想像が出来上がる感じです。たとえば最近好きなのは、美大受験スポ根マンガ『ブルーピリオド』の主人公、矢口八虎（やぐち・やとら）君。ある日突然アートに目覚めて、ゼロから絵画で美大受験に挑戦するんですけど、ものすごい努力家です。才能がないから広くアンテナを広げて、他人の才能のすごさに落ち込んでも、なんとかプラスに変えていく。なのに落ち込んでる姿を誰にも見せないんです。見習いたいと思うし、私も絵を描くのが好きだから、すごく影響を受けてます。根底では自信がないくせに、「俺の絵で全員殺す」ってセリフがあって、読んだ瞬間、その気持ちわかる！って思いました。

――アイドルになる前から、理想が高かったんですか？

アイドルになる前は努力も嫌いで、遅刻グセ、すっぽかしグセがある、何も頑張れない娘でした。母の勧めでキッズモデル、バレエ、生け花、書道…といろいろやってたけど、唯一続いたのはダンスだけ。オールドスタイルのロックやポップダンスは楽しかったので中1まで続けたんですけど、引っ越しでスクールに通えなくなったので、辞めちゃいました。物心ついたときからキッズモデルだったので、人前に出るのは平気だったけど、小6でオタクになってからは人柄が変わって。学校でも目立ちたくない性格になりました。

――オタクに目覚めたきっかけを教えてください。

ダンスレッスンから帰って

きてテレビをつけてたらたまたまアニメ『PSYCHO-PASS』を観て、衝撃を受けたんです。こんなにシリアスでストーリー性の高い作品があるのかと。それ以降、マンガ、アニメ、ネットカルチャーにどっぷりハマっていって。中学ではオタクの友達を作りたいと思って美術部に入りました。美術部って〝オタクの巣窟〟って感じがするじゃないですか（笑）。実際そのとおりで、オタク友達ができたので、めちゃめちゃ楽しくて、毎日「早く放課後にならないかな」と思ってて、チャイムが鳴ったらダッシュで美術室に行ってました。3年のときには部長になって、文化祭で部誌も出しましたね。当時いちばん好きだった『弱虫ペダル』、『新世紀エヴァンゲリオン』、でんぱ組さんのイラストを描きました。

——昔からアイドルも好きだったんですか？

いや、もともとアイドルは好きではありませんでした。当時の私は学校でいい顔をしちゃうタイプで、人の目をうかがっていました。ニコニコしながら、思ってもいないことを言ってしまったりして。自分を出せないストレスで、家で泣く日が続いてたんです。

そんな生活をしてたから、アイドルのことも、表裏がはっきりした競争社会で、絶対にみんな仲が悪いだろうってイメージを抱いてました。勝手に苦手意識を持っていたんですけど『弱虫ペダル新聞』に載ってた、でんぱ組さんのインタビューでオタクのアイドルがいると知りました。同時期に『プリパラ』にハマったことで、アイドルが好きになりました。中学の放課後は友達と『プリパラ』のゲームをやりにいくのが楽しみだったな。アイドルって夢が詰まった存在なんだと思えたのは『プリパラ』のおかげだし、虹コンのオーディションでも「プリティーシリーズ」のキャラソンを歌いました。

虹コンという自分の居場所が見つかった

——アイドルになりたいと思ったのはいつからですか？

あくまでオタクの目線でアイドルが好きになってから、Twitterでもふくさんをフォローしてたら、虹コンのオーディション情報が流れてきて。不純な動機だけど、岸田メル先生のイラストレッスンが受けられるって書いてあったんです。ゲーム『アーランドの錬金術士』が大好きでメル先生の画集も持っていたので、教わりたい！　って気持ちと、もふくさんに会ってみたいって気持ちでオーディションを受けることにしました。もうひとつ、当時は高校に

入ったころで、中学の美術部の友達と離れて孤独だったのも大きかったです。いじめられたわけじゃないけど、もっと楽しい人生を送りたいと、自分を変えるきっかけを求めて受けた部分もありました。

――望んだとおり、変わることはできたのでしょうか。

最近はようやく、少し変われた気がします。入ってしばらくは、ずっとつらかった。どんなに頑張っても報われなくて、ポジションも端っこで歌割りも少なかったから、家族からも「そんなにつらいなら辞めたら?」って言われて。でも最近は虹コンも徐々に階段を昇って、私を応援してくださる方も増えて、ようやくプロ意識を持てるようになった。自分のことを、以前より好きになってきました。

大学で自分の好きなことを勉強できていることも大きいです。昔から日本の近代文学が好きだったけど、趣味だった物語の考察が授業でしっかりと学べている。ひとつの物事を多面的に見られるようになって、自分の人間性を少しずつ好きになっている気がします。一般的には暗い物語でも、文学作品として読むと、主人公にとっては救いになっていることがある。文学を勉強しなかったら、こういう考え方はできなかったと思います。谷崎潤一郎、江戸川乱歩、宮沢賢治とか、梶井基次郎の『檸檬』みたいな言葉にできない心の中のモヤモヤを表現した小説が好きですね。中学で絵を描き始めるまでは小説家志望で、Wordで小説を書いてコンテストに応募したこともありました。正直、いまも小説を書いてみたり、作詞をしてみたい気持ちはあります。

――今年3月にイラストの個展を開催しました。

あれは過去いちばんレベルで嬉しかったです。アイドルって外見や中身、性格や思考まで含めて評価される存在だけど、自分の絵だけを見て評価される空間ができて、いろんな人に見てもらえたのは、すごく楽しかった。個展の前は寝る間を惜しんでずっと描き続けてましたね。自分に自信はかけらもないけど、絵に関してだけは謎の自信があって、どんな評価をされたとしても、私がこれを好きだからいいって思えるんです。誰かに批判をされたわけでもないのに、個展を見に来てくれたみんなに、展示会にいる30分で「時間が足りなかった、もっと見たかった」って絶対に、思わせてやる!って謎の怒りを抱えながら絵

を描いてました。ふだんから、感情の行き場に困ったときやストレス発散に絵を描くことが多い。わりと怒りが原動力になることが多いです。

――では虹コンとしての活動で最も嬉しかった瞬間は？

　2年前の冬、当初から目標に掲げてたZepp Tokyoでのワンマンライブが実現したときです。私は後から入ったメンバーだから、結成以来の目標を心から共有できていたわけじゃないけど、徐々に虹コンを好きになっていったから、先輩たちの掲げた目標がかなった瞬間が嬉しかった。

　最初のころは虹コンが大好きって感じではなくて、先輩たちみたいにはなれないって焦燥感が大きかった。それがディアステージに移籍したあたりから、自分も虹コンのメンバーだって当事者意識が強まって、虹コンが自分の居場所なんだって感じられるようになったのかもしれません。自分の居場所がようやく見つかったって感覚がありましたね。

――居場所として感じられるまでには、どのような葛藤があったのでしょうか。

　正規メンバーになったあとも、ののた先輩が卒業するまで、まだ研修生みたいな気分でした。

　卒業ライブでののた先輩が手紙を読んでるとき、急に「私も虹コンじゃん！」「ヤバい、いままで何やってたんだろう」って思ったんです。自分も虹コンを引っ張っていける存在にならなきゃと思って、オタクな自分だからこそ感じる改善点を提案するようになっていきました。告知をわかりやすくして、SNSでの発信を工夫、供給量を増やす。

　特にコロナ禍になってからは現場がなくてネットにしか情報がなかったから、動画をたくさん載せました。虹コンって人間味あふれるメンバーたちでおもしろいのに、ライブしか観てもらえないのはもったいない。そう思って、自分で動画を撮って編集して、YouTubeに動画を載せ始めた。みんなオタクで弱気だけど、みんな仲良しでライブだとキラキラまっすぐなパフォーマンスをする。そのギャップがいいので、みんな、知ってくれ！って気持ちでした。一昨年、昨年でやっと、少しずつ自分の役割がわかって、虹コンのメンバーでいてもいいんだって思えるようになった気がします。

急に声が出なくなって目の前が真っ暗に

――これまでの活動で、アイドルを辞めたいと思った瞬間はありますか？

　じつは'20年、コロナ禍になって、突然声が出なくなって、歌えなくなってしまって。症状がいまも続いてるんです。普通に話すときも、高い声が出なくて、「虹のコンキスタドールです」って挨拶の声の高さが出なかった。配信ライブの本番で急に声が出ないと気

づいて、パニックになって、目の前が真っ暗になった感覚でした。原因もわからず、まわりからは「時間がたてば治る」って言われたけど、全然治らなくて。歌い方がわからず、当たり前にできてた呼吸や歩行が急にできなくなったのと同じような感覚です。

——症状は緩和しつつある？

はい。いろんなボイトレを転々としたなかで、急に発声障害になった人のための病院で紹介してもらった先生がすごく良かったんです。とりあえずお決まりの発声練習をするんじゃなくて、「いまは舌の位置がここだから、呼気がこう出て、声が出る」みたいに物理的なことを教えてくれた。おかげで、少しずつ良くなってきました。ただ、ライブで不安になったり、焦ったりすると急に歌えなくなることも

私も虹コンのこれからにワクワクしています

あるんです。

でも岡田推しのみんなはいっぱい褒めてくれる。毎年、生誕イベントではファンのみんなが寄せ書き、イラスト、写真がたくさん載ったアルバムをくれるんです。昨年はイベントをできなかったけど、アルバムを送ってくれました。歌えなくなってすぐの時期で、本当に落ち込んでたから、家に帰って、めちゃめちゃ泣きながらメッセージを読みました。私を支えてくれる人たちに目を向けたいと思っています。

――今年で7周年を迎え、8年めはどんな虹コンを見せたいと思っていますか？

今年の夏曲『世界の中心で虹を叫んだサマー』はいままでの集大成なので、続いてきた物語にいったん区切りを打つ感じがあります。これからの未来が不安でもあり、ワクワクでもあります。

いままでの虹コンみたいに、とにかく楽しい！　ってだけじゃなくて、いましか見れないっていう〝儚さ〟も表現できたらいいなと思っていて。もちろんまだまだ走り続けていくけど、この先どうなっちゃうのかな？　ってワクワクを感じてもらえるようなライブを続けていきたいです。7周年という大事な節目で、跳ねるべきタイミングだからこそ、私も虹コンのこれからにワクワクしています。

――では最後に、いまから7年後はどんな自分になっていたいですか？

虹コンと、応援してくれるみんなが好きでアイドルを続けているので、もし虹コンを卒業したら芸能活動はしないと思うんです。7年後はOLをしながら同人活動をしていたいですね（笑）。

仕事の内容は、どうだろう…。最近気になっているのは、本の装丁とかタイポグラフィ、ロゴみたいなデザイン系。文章を考えるのも好きだから、広告や編集者もおもしろそう。クリエイティブな仕事に携われたらいいな。

鶴見萌

一度だけ卒業を考えました

PROFILE

つるみ・もえ　'96年12月5日生まれ　東京都出身　'14年10月、正規メンバーに。趣味はアニメ鑑賞と食べること。特技は硬式テニス。女優としても活動中。公式Twitter（@tsurumi_moe）、Instagram（@tsurumi_moe）

初期から虹コンのフロントメンバーとして、グループを牽引する鶴見萌。個人での仕事も多く、虹コンの顔として活動を続けている彼女だが、活動を振り返ると、グループとして黎明期が長く、思い悩んだ時期が長かったという。グループの最前線を走り続け、メンバーからも慕われる彼女は、7周年を迎えた虹コンをどのように見ているのか。

――もともとアイドルが好きだった？

中学校のときにAKB48さんがちょっと好きだったくらいで、自分がアイドルになるとはまったく思ってなかったし、やるつもりもなかったんですよ。どちらかといえば、ずっとアニメが好きで。pixivさんがプロデュースするアイドルで、コスプレや声優の勉強ができるって書いてあったから応募した感じです。

――当時は高校3年生くらいのタイミングですよね。

それまで全然違う分野の仕事を目指していて、家族からも応援されていたのに、急にアイドルに応募したとバレたときは、めちゃくちゃ怒られました（笑）。あんまりお母さんが芸能活動に前向きじゃなかったので。大学に行くための勉強もさせてもらっていたのに、「なんで突然アイドル？」みたいな。

――けっこう反対された？

されましたね。結局、私のアニメ関係の仕事に就きたいっていう想いを尊重してもらえて向こうが折れたんですけど、当時はけっこう揉めた気がします。

――実際に活動を開始して、いかがでしたか？

正直、イメージとは全然違いましたね。テレビの中の歌って踊るアイドルしか知らなくて、知識もまったくなかったので…。虹コンって、一年でいちばんライブをやったアイドルとして表彰されたくらい、毎日ライブばっかりで。一日2回とか3回、一年で365回以上イベントをやっていて、激動の日々でした。戸惑っているわけではないんですけど、

「こんなアイドルもあるんだ！」って驚いた気がします。

――ものすごい数のイベントをこなしていましたよね。

アイドル活動の先に、アニメ関係の仕事に就きたいと思っていて、表に出る仕事じゃなくて裏方でも、アニメ関係ならいいなって思ってました。仕事でも、コスプレのレッスンとか、海外のアニメイベントに出させていただけたりとか、私の夢を尊重してくれていました。後にこんなにがっつり正統派アイドルをやるとは思っていなかったです。

――もっとアニメ関係の仕事をたくさんしたかった？

うーん。難しいですね。たとえば海外とかで、そういうクリエイティブな活動ばかりをしていて売れていたかといわれたら、わからないですし。やっぱり、何事も大きいことをしたいっていうからには、自分たちが大きくなって、認知度を上げていってからじゃないとできないじゃないですか。虹コンがどんどん大きくなっていくことが、やりたいことにもつながるし、いまのこの進み方が、間違いじゃないんだろうなって、いまは思います。

——忙しいアイドル活動のなかでメンバーの卒業も多かった。でも鶴見さんは卒業を考えたことはないんですよね。

なんか過去にインタビューされたときには、「ない」って答えていますよね。確かに大雑把にみたら、ないって言えるんですけど…。実際は、当時センターだったメンバーが卒業するって聞いたときに…。

——奥村さんが卒業するタイミングですね。

そうですね。その時期が、ちょうど同い年の娘たちの就活のタイミングで、いまから頑張れば私も間に合わないこともないと思ったんです。中学校のころ、国語の先生に「アナウンサーに向いてる」って言われたことがあって、アイドルだった経験も生かせそうだし、そういう道もあるのかなって、ちょっと思ったりしました。

——何か行動を起こしたりとかしましたか？

まわりの友人や親、スタッフさんに軽く話して、情報収集はしていました。スタッフさんに話したときには「確かに向いてるかもね」みたいな反応をされて、「え？　本当にいいの？　辞めちゃうよ？」みたいに思った記憶があります。本当は内心止めてほしかったので（笑）。

——結果的に虹コンを選んだんですね。

アナウンサーって、安泰じゃないですか。お給料というか、将来というか。なれたら安泰だったと思うんですけど、それが理由でなりたいって思うのは、違うのかなって。

虹コンに入って、まだ何も成し遂げてないと思っているのに、このまま辞めていいのかなって。安泰はするかもしれないけど、虹コンを選んだからには…って意地もあって。結局、最後は卒業するにしても、何かを成し遂げてからって自分で決めて、虹コンを続けることを選びました。

有観客ライブでの感動の歌詞

——そうして続けた虹コン。いちばん楽しかった、思い出

に残っているライブはなんですか？

なんか、出来がよかったライブと感じるものがあったライブは違うんですよ。最近だと、ツアーファイナルをやる予定だった昨年9月の豊洲ピットでの配信ライブは出来がよかったですね。

心に残っているのは、すごく最近なんですけど、久しぶりの有観客でファンの人の顔を見られた、昨年末のKT Zepp Yokohamaでのライブですね。幕が上がったとき、私たちは後ろを向いていて。最初が『恋・ホワイトアウト』だったんですけど、振り返ってお客さんを見たときの感動がすごくて。ツアーのタイトルにもしていたんですけど、「もしもこの世界が晴れたら目の前に君が笑顔で立っているの？」っていう歌詞が当時の心境と重なって、感動がすごかったです。

――最近、新しい動きが増えましたよね。

グループ全体で冠番組が始まったり、YouTubeで全農さんとの企画が始まったり。グループが堅い立ち位置までこられたっていうのがあって、最近になって、私だけじゃなくていろんなメンバーが、いろんな仕事を始められてきているんですよ。番組のリポーターをしたり、レギュラーでMCをするようになったり、もちろんグラビアで出る娘も増えてきたり。個人での仕事が増えてきたときに、虹コンっていう名前を使ってできる仕事が多くなってきたなって感じます。さっき、虹コンが大きくなることで、好きなことを発信して仕事につながるって言ったじゃないですか。その流れが、ようやくできつつあるのかなって。

――逆に、悔しかった思い出はありますか？

メンバーの卒業が相次いだタイミングの夏曲が、『ずっとサマーで恋してる』なんですけど、歌詞に「去年までいた彼女のほうがいいのはわかっているけど」みたいな、虹コンの後ろ向きな気持ちが混じっているじゃないですか。「でも、私たちはあなたのことが好き。だから、私のことを見て」っていう、訴えている曲です。

そういう心持ちだったのは正直あるんですけど…。私たちが作詞しているわけじゃないじゃないですか。はたから見てもそういうふうに見えているんだ…っていうのがわかったときに、すっごい悔しかった記憶がありますね。実際にそうだったとしても、そういうふうにまわりから見えちゃっていることが悔しかった。

――その後、2年ほどメンバーの加入、卒業がない時期がありましたね。

本当にそれまでのことを考えると奇跡のような時間で。しっかり、メンバーで前を向いて団結して一緒に頑張ろうって。「このメンバーで、武道館でライブがしたい」って、

目標も発表したんですけど、共通認識を持って進めていたのが嬉しかったです。だから、その後に卒業したメンバーもいますけど、ちゃんと送り出せた。卒業したことによって道を見失ったりすることなく進めているので、お互い前向きに頑張ろうねって言えます。

——鶴見さん自身、新しくやりたい仕事はありますか？

『虹のコンキスタドールが本気出しました!?』っていう私たちのバラエティ番組があるんですけど、今年の最初の放送で占いをしてもらって。そのときに「温泉や神社に詳しくなるといいよ」って、占い師の方に言われたんですよ。生々しいんですけど、詳しくなったらファッション誌に載れるとか、地方の番組でレギュラーが取れるとか言われて。その影響もあって、そのあと

自分もアピールしつつ
適宜、ほかの娘を支えたい

神社巡りを始めたりしたんです（笑）。

――がっつり影響を受けてますね。

　昨年も占ってもらったんですけど、メンバー内で12人中9位の運勢でした。それが今年は4位で。順位が上がったのもすごく嬉しくって、律儀に始めてみました。

　旅行はもともと好きだったので、自分に向いてる趣味なのかなって思うし。最近は、ご時世的に旅行はできないんですけど、御朱印帳を買って、都内の近場なところから本格的にまわり始めてます。

――そういえば事前にもふくちゃんとYumiko先生に鶴見さんの印象を聞いたら「フットワークが軽い」って言っていました。

　軽いと思います。神社がいいよって言われたら神社巡りしちゃうし（笑）。やっぱり、好きだったり、興味があるものを発信して、それが仕事につながったらいいなって思っていて。アニメ方面でもいいし、食べ物とか旅とか、そういう次のステップを見つけられるような動きが、個人でもグループ全体でも、できたらいいなって思っています。

素の部分を出したらファンが増えてきた

――昨年はソロで写真集を出されましたね。

　いままでもソロで仕事をやらせていただいてたんですけど、写真集って自分のためだけの仕事じゃないですか。本当にたくさんの方が関わってくださったって考えたら、帰りの空港で涙が止まらなくなっちゃって。振り返ったときに、ありがたいなって想いもすごくて、鶴見個人の仕事としてはいちばん大きかったことなのかなって思っています。

――ファンの方たちの支えもあった。

　私って、ほかの娘よりもファンの方の入れ替わりがめちゃくちゃ激しくて。背も高いし目立つから、好きかもしれないって思って来てくださる方は多かったんですけど、気づいたらほかのグループとか、ほかの娘を好きになっていることが多かったんです。私のことを見た目じゃなくて、中身で好きでいてくれる人はいないって思ってた時期もけっこうあって、そのころって、アイドルの鶴見萌を作ることに必死でした。だけど、活動していくなかで、素を出さざるを得ない場面が増えたら、応援してくれる方が増えてきた。生誕祭とかも、ファンの方の顔ぶれが毎年全然違うこともあったんですけど、最近は長く好きでいてくれる方が増えてきました。

　いままで、会えるのが当たり前だったから、コロナ禍で会えるのが貴重になったぶん、好きが増していて。愛おしいなって思います。

――自分のグループ内での役割はどんなものだと感じていますか？

これまで、ずっと前に出させていただいて、やってきました。最近、ようやく青組の娘たちが自我を持ち始めて、自分のキャラに気づき始めたりしています。それは、『虹マジ』を通してだったり、いろいろあると思うんですけど…。それぞれの得意分野で活躍し始めているのを見ると、自分も成長しなきゃ、って焦りももちろん感じます。

ですが、みんなが成長しているなかで「いやいや、私が！」みたいなのをいつまでも言い続けるわけにはいかないのかなとも思うようになりました。自分もアピールしつつ、適宜「よしよし、行け行け！」っていうふうに支えられたらなって考えています。

——最後に、いまから7年後、どんな女性になっていたいですか？

希望を含めてなんですけど、どんな仕事をしていても自分を持っている女性になれているんじゃないかなって思います。

——虹コンは続けていると思いますか？

ファンの方は悲しむと思いますけど、さすがにないと思いますね。いまでも、昔のかわいい系の曲とかやると、すごい頑張ってる感が出ちゃうんですよ（笑）。やっぱり、それを続けていくのって大変だし。でも自分たちはもちろん、まわりから見ても、ちゃんと成長して大人になっているからこそ、そう思うわけで、正しいことだと思うんです。

だから、7年後にはアイドルとしての経験を生かしつつ、ファンの方や家族のみんなが、納得できるような仕事ができていたらベストかなって思います。なんか母には、すごく『世界ふしぎ発見！』の人になりなさいって言われるんですよ（笑）。自分ではエッセイストとか、コラムニストになりたい。最近スタッフさんには、女優を薦められているんですけど、そういう、顔を出して活動する仕事を続けていければなって思いますね。

BATTLE TALK 2

バトルトーク｜王道アイドル虹コンに聞け！②

SNS名人になりたいです。どうすればいいですか？

鶴見萌の回答

アイドルはSNS更新も仕事のうち。萌ちゃんの技術は。

「最近虹コン内で流行ってるのは、マネージャーさんやメンバーに写真を撮ってもらうとき、スマホを逆さにして、下からあおる感じで撮影することです。韓国の女優さんがやってるのをマネしてるみたい。この撮り方だとスタイルが良く見えるらしいんですけど、うちの娘（蛭田愛梨）みたいにかわいければ、顔面の良さだけで「いいね」が伸びるんですよね（笑）。

写真を撮りたい日はテーマを決めてスタイルを選ぶことが多いです。仕事先の近くに行きたいカフェがあったら、メニューや内装に合うメイクや服装で出かける感じ。ほかにも、推しキャラの色を身に着けたり、なにかしら意味合いを持たせるようにしてます。その点、しみこはいつもいちばん上にあった服を着てきちゃうから、あんまり考えてないみたいです（笑）。そのかわり、どんな投稿が伸びるかって研究を頑張ってるのは、すごいなと思います」

清水理子の回答

萌子ちゃんに褒められた理子ちゃんのお答えは。

「写真を撮るときに大事なのは太陽光。光が差し込むほうを見て、光を顔に受けると盛れるけど、日が強すぎると目が開かないから日陰がベストです。SNSごとに伸びやすい写真が違っていて、Twitterだと顔を大きく、インスタなら顔は写さず雰囲気重視。服やかわいいアイテム、スタイルの良さを見せるような画角で撮影して、フィルターを使って色味も調整します。顔は写しても横顔まで。

いろいろとやってきた結果、Twitterを使うことが多くて、やっぱりいちばん伸びるのは水着写真。谷間を作ったときはより伸びるから、水着で撮影する日はオフショットを撮りまくって、1枚につき100人はフォロワーを増やしたいって計算してます。この本の水着撮影の日も、たくさん写真を撮っておきました。その写真で増えた人たちをどうライブに誘導するか難しいので、今後の課題ですね」

蛭田愛梨

「虹コンの最年少」と自分で言うのはやめました

PROFILE

ひるた・あいり　'04年3月5日生まれ　東京都出身　'17年1月、正規メンバーに。趣味は漫画を読むこと、ゲームをすること、お菓子を食べること、体を動かすこと。TikTok（@hiruta_airi）を毎日更新中。公式Twitter（@hiruta_airi）、Instagram（@hiruta_airi）

小学校6年生でオーディションに合格、中学1年生という若さで加入し、現在もグループの最年少メンバーとして活動する蛭田愛梨。予科生のときから、アイドル生活は順風満帆なものではなかった…。内気な性格の彼女が学生時代のほとんどを捧げる虹コンへの熱い想い、そして目標は高いと言う彼女が、胸に秘める理想のアイドル像とは。

——蛭田さんはもともと2次元のアイドルが好きだったんですよね？

小学生のときに、アニメの『アイカツ!』や『ラブライブ!』にハマりまして。ずっと観ているうちに、アイドルって素敵だなって思うようになりました。

——その影響でアイドルになりたいと思ったんですか？

アニメにハマった小学生のときにアイドルになりたいって思ったつもりだったんですけど、前に幼稚園の卒園アルバムを見たら、担任の先生から「歌って踊ることが好きみたいですね」ってコメントされてて（笑）。幼稚園生のときからアイドルになりたかったのかな…。

——多くのアイドルのなかで虹コンを選んだ理由は？

『ラブライブ!』の動画をYouTubeで観ているときに、関連動画でアイドルグループさんのライブ映像にたどり着いて、いろんなグループを流し見していたんですよ。そこでいちばん目に留まったのが虹コンだったんです。そこから〝虹コン〟で検索してライブ映像を観たり、ホームページを見たりしました。メンバーみんな、すごくキラキラした笑顔が印象的で、直感的に「このグループに入りたい」って思ったんです。

——実際にオーディションに受かってどうでした？

オーディション自体、虹コンが初めてで、当時はお母さんに「アイドルになりたい!」って伝えることが恥ずかしくて、ギリギリまでモジモジしていました。

応募した当時は小6の後半で、合格したら自分がいちばん年下になるということも聞いていたので、「こんなやつが入って大丈夫かな」という心配はありました。

——加入後の印象は？

当時は予科生として虹コンに入ったんですけど、メンバーのみんなと一緒に活動を始めてからは、YouTubeで観てたときとメンバーの印象が同じで、みんながみんなオタクなので居心地が良くて、楽しいグループで良かったと思いました。

——その後、現在まで約5年間活動していますが、振り返ってみていかがですか？

オーディションに応募する前から虹コンが大好きだったので、いまでも自分が好きになったグループにいられるのが嬉しいなって思います。いろんなコンセプトのアイドルさんが出てきているなかで、虹コンは私が入る前も入ってからもずっと同じコンセプトで、明るくて元気なアイドル。入る前に抱いていた好きって気持ちが、年々強くなっている感じがしますね。

——順風満帆なアイドル生活を送れているわけですね。

それがそうでもなくて…。予科生でなかなか昇格できないときに「こんなにやっていても昇格できないってことはアイドルに向いてないんだな」って考えることはありました。

予科生だったころは、私にファンなんて一人もいないって思っていたんですよ。好きって言っていただいても、素直に受け取れませんでした。予科生にも歌やダンスが私よりうまい娘はたくさんいたので、予科生で推すとしても私以外の人だろうなって。正規メンバーになってから、少しずつ受け入れられるようになった。ファンの人に対して、本当は一人ひとりに感謝を伝えたいって思っています。

——正規メンバーになったのは'17年のことでした。

中1の1月にあったワンマンのときにサプライズで正規メンバーになれることが発表されたんですけど、あの日は人生で初めて嬉し涙が出ました。自分が虹コンのメンバーなのかどうかもわからないような状況で活動していたので、認めてもらえた気がして嬉しかったです。

ただ昇格した後もレコーディングに参加できなかったり、MVの撮影に行かせてもらえなかったりして。昇格したのにこういう状況がずっと続くのかな…って不安を感じたこともありました。

——卒業したいと思ったことはありますか？

卒業したいって思ったことはないです。もし思ったらその気持ちに負けてしまう気がして、卒業したいと思いそうなときは、心の声を聞かないふりをして、ごまかしていました。せっかく正規メンバーになったからには、なりたかったアイドル像を貫いてやるぞっていう想いがあったので。

——理想のアイドル像ってどんな存在ですか？

『アイカツ！』や『ラブライブ！』に出てくるキャラクターのいいところを全部混ぜたような存在ですかね。アイドルをやりながら演技の仕事をしたり、テレビ番組に出たり、いろいろな場所で活躍できるアイドルが理想です。最近は少しずつ近づけているかな…と思いつつ、目標が高いからこそ、少しだけでも近づけるようになりたいなって日々思っています。

——山あり谷ありのアイドル活動と学校を両立しています。

INTERVIEW
AIRI HIRUTA

学校はあんまり好きじゃないので、デビュー前はずっと一人で教室の隅に座っていました。友達が話しかけてくれたらその娘とお話しするくらいで。おとなしいというか目立たないタイプでした。

――そんな娘がアイドルになって、噂になったりしなかったですか？

すぐにはバレなかったのですけど、中1の10月ぐらいに急にバレて一気に広まりました。よくよく考えれば本名で活動しているのですぐわかっちゃう話なのですが、当時はなんでバレたのかずっと不思議に思っていました（笑）。

――なぜアイドルになったことを隠していたんですか？

当時は自分の中で「まだ予科生だし」っていう自信のなさがあったからだと思います。自分自身始めたばかりでアイドルが何かもわかってなかったので、アイドル活動について聞かれても何も答えられないなって、思っていた気もします。

――正規メンバーになってからは自信がつきましたか？

正直、いまも全然自信ないんですよ。自信のつけ方を知りたくてYouTubeで「自信つけ方」で検索するくらい。調べたら最初に「規則正しい生活をしましょう」って出てきて「あ、私には無理だ」って思って見るのをやめました（笑）。

――たとえば「この経験をしたら胸を張ってアイドルって言える」というような仕事やライブって、考えていたりしますか？

虹コン全体では「いつか武道館でライブがしたい」って目標があります。私個人としてはライブをしている瞬間は自信がつくんですけど、武道館とかゴールを決めちゃったら達成できたときに、それ以上成長しなくなっちゃう気がしていて。目の前の仕事をガムシャラにやっていたほうが、もっと遠くに行けるのかなって感じています。

――そういえば最近、蛭田さんの歌がうまくなったと評判です。Yumiko先生も言っていました。

最近は家にいる時間が増えたので、自分の練習時間が取れるようになったんですよ。YouTubeで歌い方をレクチャーしている動画を観たり、自分のレコーディング曲の声を聴いて反復練習したり、いま自分のためになる時間を作らないとダメだなって。

――コロナ禍でイベントが思うようにできなくて、ほかに始めたことはありますか？

前は全然しなかったんですけど、去年くらいから自分の名前でエゴサーチをするようになったんです。私のことを応援してくれている人のアカウントが、「今日もかわいい」とか裏でも褒めてくれてるのを見て、ニヤニヤしました。

――なぜ最近までしてなかったのですか?

　調べてもどうせ出てこないだろうな、って思っていたので(笑)。

――ネガティブな意見や批判が出てくる怖さはなかった?

　全然気にしてないです。もし出てきたとしても、自分に足りないことなんだなって受け止めるようにしているので。誰にでも好き嫌いはあると思うし、表に立つ仕事をしている以上、批判されることもあると思うんですけど、そしたら私がその人にもいいなって思ってもらえるアイドルになれるように頑張ろうって思います。

――ファンの方の声を大切にしてるんですね。

　いまは直接会って話す機会が少なくなってしまったので、ライブとか限られた機会で会えると、以前よりも愛を感じるようになりました。ファンの方はすごく大切な存在です。許されるなら「ファンでいてくれてありがとうございます」って全員に挨拶回りしたいくらい感謝しています。

いつかみんなを私がおんぶする存在に

――蛭田さんといえば、長く「虹コンの最年少キャラ」ですが、お話をうかがっていると、すごくしっかりなさっています。

　いままでずっとほかのメンバーと比べて個性がなくて、最年少に頼っていたんですけど、それを変えたいっていう想いはずっとあったんです。じつは最年少って自分で言うのはもうやめようって思って、4月11日のワンマンから自己紹介を変えたんですよ。最年少っていう言葉を自分で取りました。

　いままでほかのメンバーにおんぶに抱っこで活動してきてしまったので、「いつかは私が虹コンのみんなをおぶってやるぞ」って思っています。

――蛭田さんの個性というと、TikTokが印象的です。始めたきっかけはなんですか?

　ほかのメンバーが仕事の関係で始めると聞いて「やってみたいなー」となんとなく思ったんです。それまでも流し見していたので。

　試しに振りを覚えて撮ったのをもふくさんに見せながら「私もTikTokやりたいんですけどいいですか?」って相談したらOKをもらえた感じです。

――どうしてTikTokをやりたかったのですか?

　TikTokって中高生が登録していることが多くて、中高生って虹コンのことを知らない人が多いからですね。もし私の動画を観た誰かが私のアカウントに飛んで興味を持ってくれたら、そこから虹コンのことを知ってもらえるかもしれないと思ったのが理由で

INTERVIEW
AIRI HIRUTA

理想のアイドル像に少しずつ近づけているかな…

す。

――グループのために始めたということですね。

　そうですね…。半分はそうですけど、半分はただやってみたかったって気持ちも正直あると思います（笑）。

――始めてみてまわりの反応はどうでしたか？

　TikTokで私の動画を観てくれた方が、私経由で虹コンを好きになってくれたことがあって、すごく嬉しかったですね。

　もともと応援してくれていた方も、自分の歌割りがない曲とか、カッコいい曲で私が踊っている動画を観て「ニコニコしている愛梨ちゃんはいつも虹コンで見られるけど、また違った表情を見られるから嬉しい」とか「載せてくれてありがとう」って言ってくれるので、やりがいを感じています。今後はほかに、ちょい役でもいいから演技の仕事ができたら嬉しいなって思っています。

ライバルは過去のメンバーたち

――ライバル視しているメンバーはいますか？

メンバーのことをライバルだと思ったことは一度もないです。私はまだアイドルとしてスタート地点にいて、みんなはもっと上のほうにいて私はいちばん下なので。

――5年間活動していてまだスタートラインですか？

始めた当初は歌もダンスも初心者でマイナスからスタートしたと思っているので、ようやくスタートラインに立てたって感覚ですね。

去年、私は高2だったんですけど、当時高2だった先輩方のことを思い浮かべて「なんで先輩はできたのに私はできないんだろう」って思ったら悔しくて、いっぱい練習していました。

――当時のメンバーといまの自分を比較して、やる気を出していたということですね。

そう考えると、過去の虹コンメンバーみんなが目標であり、ライバルなのかもしれません。

――最後に、今年は虹コン7周年。7年後の蛭田さんは何をしていると思いますか？

私的には、7年後もずっと虹コンでいられたら嬉しいなって思っています。いまの虹コンはザ・アイドルっていう感じだけど、私が24歳になったとき、アイドルという枠ではなくて、アーティストって言えるグループになれていたら、年齢が高くなってもやっていて大丈夫なのかな。

感覚的には、人生の半分は虹コンと言っていいくらい虹コンでの世界しか知らないので、虹コンのない人生は考えられないです。新しい世界を知りたいという気持ちより、虹コンでもっと売れたいっていう想いのほうが強いんだと思います。

中村朱里

虹コンを続けたのは
意地ですね

PROFILE

なかむら・あかり　'98年1月30日生まれ　千葉県出身　虹コン初期メンバー。趣味はゲームとダンス　OPENREC.tvでゲーム実況を配信中。公式Twitter（@nakamura_akari）、Instagram（@nakamura_akarin）

物

静かな印象ながら虹コンを支える1期生の中村朱里。3歳から14年間続けたバレエを辞め、アイドルを選んだ理由。1期生ながらフロントメンバーに選ばれず、思い悩んだ日々。メンバー交代の多い環境下で自分という存在を確立していった彼女なりの生き方。虹コンの大事な初期メンバーが振り返る7年間に迫る。

——虹コンのこれまでを振り返ってみていかがですか？

正直、短かったです。毎日すごく忙しくて、ずっと目先のことを目標に走ってきたので、気づいたら7年たっていた、というのが率直な感想ですね。

——アイドルになる前は、かなり真剣にバレエに打ち込んでいましたよね。

3歳から、虹コンに入ったことをきっかけに辞めるまで、ずっと続けてきました。入るときは両立できると思っていて、辞めるつもりもなかったんですが、実際には活動が忙しすぎて、両立できないとわかって辞めましたね。

——バレエと虹コンのどちらか、となって虹コンを選んだ理由はなんですか？

バレエは、自分の中でやれるだけやりきったと思えていて、未練がなかったのと、限界を感じていたんだと思います。ずっと続けているなかで、小6のときにバレエの先生から海外留学を勧められたことがあって。自分は行けるんだったら行きたいと思っていたんですけど、親にすごく止められたんですよ、危ないからって。反対されたときに、「絶対行きたい」って言えない自分もいて…。そのとき行きたいって言えなかったことへの後悔が、以降の生活のなかでずっと心に残っちゃって。この先バレエを続けていても、あのときの出来事を後悔し続けるだろうなって思いました。だったらバレエの経験を生かせて、自分がやりたいことに挑戦しようと決めて、虹コンを選びました。

——なぜ多くのアイドルのなかで、虹コンに応募したんですか？

アイドルはバレエの経験を生かせると思ったのと、なんとなく自分にもできるって思ったんです。踊りは得意だったし、テレビでアイドルさんを観ているときに「私ならここでこうする」って、自分に憑依して観ることができたのがきっかけです。虹コンを選んだのは、アイドルをやりながら声優もできるって書いてあったからですね。アイドルのほかに声優にも興味があって、どっちもなりたくて調べていたときにヒットしたのが虹コンだったんです。

——できる気がしたからなろうと考えたんですね。

INTERVIEW
AKARI NAKAMURA

なんとなく、見てて思うんですよ。たとえば、オリンピックで水泳を見てると、一緒に息を止めちゃったりして、すごく苦しくなるんです。そうすると、「水泳はできないな」って思えるんです。いろいろ自分に憑依して考えるなかで、「もしかしたらこれならできるかも」って思えることがあると、挑戦したくなるんです。

——声優もできる気がした？

私って学校でも家でも本当にしゃべらなくて。装ってるわけじゃないけど、本当の自分をさらけ出さなかったんです。でもアニメを観てるときに、アニメの世界だったら生きられるかもしれないって思って。自分じゃない二次元のキャラクターになることで、自分というものを表現できるんじゃないかなって思って、声優さんに惹かれていました。

——そして、虹コンに1期生として加入しました。

勢いでオーディションを受けたところもあったので、アイドルがどんなものなのかまったく知らないまま合格しちゃって。テレビで観ていたアイドルさんってアーティスト寄りというか、カッコいい印象が強かったので、こんなにかわいいものだとは思いませんでした。

——想像していたものとは違った。

そうですね。自分がほぼ最年長でちっちゃい娘も多くて、ギャップがありました。活動していくなかで、アイドルがどんなものなのか学んで、かわいいものもたくさんあるってわかった感じです。

——加入後の活動を振り返って、印象的な出来事はありますか？

楽しいほうだと'17年の『キミは無邪気な夏の女王』のMV撮影ですね。グアムで、一日自由な日があったんですね。ご飯が普通サイズを頼んだのにメガ盛りみたいに大きくてびっくりしたり、道路が広かったりして、自分がすごくちっぽけだなって思うと同時に、こんなに大きい世界があるんだみたいに感じて、すごくワクワクしながらいろんなところを回って。メンバーがバスに携帯を忘れて大騒ぎしたり。

——修学旅行みたいですね。

萌ちゃんが買ったスパムをホテルの部屋で焼いてみんなで食べて、その日からスパムがすごい好きになった。めちゃくちゃいい思い出。

でもその2年前、'15年に出した夏曲の『THE☆有頂天サマー!!』のMV撮影のときなんですけど、今でこそ虹コンは全員に歌割りがあるんですが、当時は選ばれし7人にしか歌割りがなくて。MV撮影に呼ばれているのに、いざ撮影するってなったら「歌ってないメンバーはあっちに行ってて」みたいな扱いが多かったんです。歌で選ばれないとMVにも出られないし、MVに映れないから、ファンの人に認識されるのかな…って撮影中からずっと不安で。MVだけじゃなくて、ライブでも歌割りがないから端にいるだけになっちゃって。誰かが休んだりしたら代わりで入ることが多かったんです。1期生で頑張って、自分はちゃんとしたメンバーだと思っていたけど、代わりなんだって思ったときは辞めたいって思っていましたね。

――踏みとどまれた理由は？

意地ですね。

――意地ですか。

昔から、続けることに意味があると思っていて、バレエもわりと意地で続けていた部分がありました。

せっかくアイドルを始めたのに「こんな1年、2年で辞めたんだったらやらないほうが良かった」、「もともと受けないほうが良かった」って思いたくなくて。絶対後悔したくなかったんです。辛いと思って辞めるのって、カッコ悪いじゃないですか。何かほかに理由があるなら納得できるんですけど。

――いまも意地で続けていますか？

'16年2月のツアーで、途中でメンバーの一人が体調不良になっちゃって。その娘がソロで歌うはずの曲があったんですけど、その曲を当日急にまかされたんです。めちゃくちゃ焦ったんですけど、当時はそれでも歌える場所ができたことが嬉しくて。「ここで、いままで自分が歌いたいって思っていた気持ちを出そう」って思いながらステージに上がりました。

――不安よりもやってやるぞ、という気持ちが強かったと。

そうですね。やり切った後のファンの方の言葉もすごく温かいものが多くて、ちょっと自信がつきました。あと、きっと耐えるのが得意なんです（笑）。どこかで晴らせるタイミングさえあれば、それまでのことは関係ないと思えるというか。かめはめ波みたいに溜めて、溜めて…ここだ！ってときに出せたら満足できるんです。

――その瞬間があったからこそ続けられているんですね。

そのツアーをきっかけに、自分も歌っていいんだって思えたし、活動していくなかで、徐々に自信がついてきた感はあります。

虹コンは歌っていた娘たちが卒業することも多くて、人数の変動が多かった。代わりに歌うパートがだんだん増えてきたんです。ライブで歌えることが多くなると、徐々に自信もついてきた。

――メンバーの卒業を何度も経験しました。

最初はやっぱり悲しいんですよ。いままで一緒に頑張ってきたし。でも、同時に抜け

『女王』のMV撮影は修学旅行みたいな思い出

た穴をどうするかも考えていて。やっぱり誰かが辞めると、その人のファンの方っていなくなっちゃうじゃないですか。そうしないために、自分が頑張らなきゃって気持ちが強くなってきましたね。

――最近また新メンバーが入りました。

ここ2年くらいはメンバーの出入りがなかったので、変化を恐れていた部分はありました。みっふぃーちゃんが入るのも、ギリギリまで全然知らなくて。不安はあったんですけど、結果的にいまはすごくいい方向に進んでいて、入ってくれて良かったなって思えています。

――ここ一年を振り返っていかがでしょうか。

虹コンはライブアイドルって自分たちで言ってきていて、ライブでのパフォーマンスを売りに活動してきていたのに、コロナ禍でライブがダメになっちゃって。1カ月なんにもなくなったんですよ。大学を卒業して「よし！　やるぞ！」って思っている時期だったので、この先どうなるのか全然みえなくて不安でした。'20年の5月、6月くらいからは配信ライブができることに気づいて、少しずつライブも復活したんですけど、やっぱり久しぶりにライブできると嬉しくて、ライブのありがたみに気づけました。

配信ライブで『トライアングル～』に感動

――特典会もオンラインになりましたよね。

良いところも悪いところもあると思っていて。やっぱりオンラインの特典会はちょっと違うなって思ってるファンの方もたくさんいたんですけど、インターネットになったから参加できるって方も増えていて。いままでずっと近くで応援してくれていたファンの方が、なんか違うなって思っちゃう状況に申し訳なさは感じていたんですが、自分たちも身動きが取れないなかで何ができるのか、真剣に考えるきっかけになりました。

――新しい活動も増えました。

YouTubeを本格的に始めたり、『虹のコンキスタドールが本気出しました!?』っていう冠番組が始まったり。いままでにない新しい動きが増えてきて、バラエティ番組がきっかけで好きになってくれる方も増えてきたんです。

――このタイミングだからこそできるようになった。

動きだしたらこっちも見せ方とか勉強になっています。バラエティだけじゃなくて、ライブもそうですけど、映像で届けるための工夫が必要じゃないですか。

自分たちを新しい目線で見つめ直せたのも良かった。映像だからこそ、自分たちもライブ映像をいつでも見られる状況になったんです。いいところも、直したほうがいいところも見えてきた。いちばん感動したのが『トライアングル・ドリーマー』のフォーメーションがすごくきれいにできていたことです。映像を見たときにものすごく揃っていて、「私たち、こんなにすごかったんだ」って自信がつきました。あらためて誇っていいレベルだなって。歌も配信ライブだと、けっこうダイレクトに聴こえてくるし、映像として残るので、見つめ直して、より良いものを届けられるようになっているんじゃないかなって思います。

――今後、よりグループが良くなっていくためには、どうしたらいいと思いますか？

たまにリーダーの的場さんとも話すんですけど、いまの状態ももちろんいいけど、もっと変化がなきゃいけないっていうのを、プロデューサーのもふくさんからも言われているんです。虹コンは、みんな自分の〝好き〟を大切に活動できているなって思うんです。

好きなことをしゃべったり、やっている姿って輝いているじゃないですか。みんなアイドルをやることが好きなメンバーなので、ライブはもちろん、自分たちが好きなことを発信できたらより知ってもらえると思うし、そこから興味を持ってもらえることが増えるだろうから、今後はどんどん発信していくのが大事だなって思います。

——最後に、7年後は何をしていると思いますか？　虹コンは続けている？

30歳で、ですよね？　いやさすがに…さすがにやってないと思います(笑)。虹コンがめちゃくちゃカッコいいアーティスト路線にシフトチェンジして、これならできるかもって思ったら、あるかもしれないですけど、このままだったらやってないと思いますね。

——では何をしていますか？

いまは表現する側だけど、表現者にしろ、表現者じゃないにしろ、自分の技術を生かして働きたいとは思っています。それこそ、バレエやアイドルを続けてきたなかで、いろいろな音楽と触れ合ってきた。だからこそ、自分なりの音だとか、虹コンという枠にとらわれないでできるクリエイティブなことをしていきたいって思っています。

私、けっこう機械をいじるのが好きなので、音楽関係の技術を学んでいきたいなって思います。最近、自分でパソコンやマイクとか機材を買ったんです。自分で歌を録って ミックスするとか、そういうのもやりたい。ボーカロイドとか好きなんですね。自分の声であういう声が作れるのかなって、絶賛独学中。まだ全然始めたばっかりなんですけど、楽しいですよ。

あとは、お芝居も続けていきたいなって思っています。年齢に応じた役柄にも挑戦していきたい。何かが大きく変わるっていうのは、あまり想像していないですけど、いまの延長線上で、やりたいことを続けていきたいな。

BATTLE TALK 3

バトルトーク｜王道アイドル虹コンに聞け！③

実際、ファンのこと、どう思ってる？

蛭田愛梨の回答

熱いライブ。演者から、客席はどの程度見えているのか。

「この2人は、誰かを狙って釣ることはなく、ありのままを好いてくれるファンが多いと思います。素の私たちを受け止めてくれる人が推してくれてるってイメージです。

ステージ上から客席ってすごくよく見えます。いつも『遠くにいても、推してくれてる人は絶対に見つけてやるぞ！』って気持ちで、客席を見渡してます。奥まってるところだと、暗くて顔が見えなくなっちゃうから、サイリウムを振ってくれると、顔がわかりやすいです。逆に私が目の前にいるのに『あ、ほかの推しメンを見てるな？』って人もすぐわかっちゃうから、気をつけてくださいね（笑）。私とお話ししたいって気持ちが嬉しいし、会いに来てくれる人がどんな人なのか気になるから、私からいろいろ聞いちゃうことも多いです。コロナ禍が終わってもいままでどおりに、私を推してくれる人たちと楽しんでいきたいと思ってます」

岡田彩夢の回答

ライブで、推しからレスをもらえるとファンは嬉しいもの。

「あかりん先輩、りこぴんあたりはめちゃめちゃレスするイメージで、的場先輩は『ずっサマ』の歌い出し、〈キミの目の前にいるのはだ～れだ〉で、客席を指差すんです。すごいなと思いつつ、私はなるべく平等にレスを送りたいから、岡田推しのタオルやサイリウムを見つけたら必ず目を配るようにしてます。緑色のサイリウムに照らされた顔を見るとやっぱり嬉しいですね。客席って意外と見えやすくて、奥のほうにいてもずっと自分を見てくれてる人はわかるから積極的にアピールしてますし、特典会で「あのとき、上手の○列めにいたよね」って話すことも多いです。推してくれる人たちとは趣味も合うから「あのマンガどうだった？」って話もよくしてます。オタク同士で盛り上がれるのがすごく楽しいです。なかには『普通に友達になりたい人生だった』って言ってくれる人もいて、私も同感です（笑）」

清水理子

私の歌で虹コンを
もっと上に行かせたい

PROFILE

しみず・りこ　'97年1月28日生まれ　和歌山県出身　'17年1月正規メンバーに。趣味は回転寿司店を訪れること。特技は歌うこと。和歌山市観光発信人。'21年5月12日にソロデビューシングル『あなたへ』をリリース。公式Twitter(@shimizu_riko)、Instagram(@shimizu_riko)

ソロシンガーとしてもデビューしている情熱レッドの歌姫、清水理子。重要パートを力強く歌い上げ、虹コンの歌唱をリードする存在だ。インタビューで清水は〝衝動で生きる脳筋キャラ〟を自称した。勢いで突っ走っている…というイメージがあるが、じつは幼少期から「自分の居場所が欲しい」という切実な願いを持ち続けていたという。虹コンという力強い仲間と大切な居場所を得た彼女が、初めて明かすグループへの想い——。

——清水さんのことを、仲良しの岡田さんは「脳と口が直結してる」、もふくちゃんは「衝動的に生きている」と語っていますが、思い当たる節はありますか？

ありますね（笑）。何も考えずになんでも言っちゃうし、ごちゃごちゃ考えず、やりたいことはなんでもやっちゃおうぜってタイプだと思います。

——虹コンのオーディションを受けたのも衝動だった？

そうですね。昔、地下アイドルをやってて、辞めたときに、もうちょっとアイドルをやりたいと思ってオーディションを探してたんです。虹コンを見つけて、アニメが大好きだったから「二次元」ってキーワードに惹かれて。もともといたグループではMVもなかったから、『戦場の聖バレンタイン』のMVを観て、うわっ！　このグループに入りたい！　応募だ！　ポチッ！　みたいな。ほかのグループは一切受けず、一択でした。私の短所でもあり長所でもあると思ってるけど、これって決めたらそれしか見えなくなる。

——そこから虹コンのオーディションでは年齢制限を超えていたのに、水着の写真を送ったという話につながるんですね。

自分のことを何も知らない人たちが相手だから、インパクトがあることをしようと思ったんです。

——昔からそういうタイプだったんですか？

昔はもっと〝脳筋〟で、衝動しかなかったかも。小学生のころは生徒会に入って演説したり、ポスターを貼ったりして。当時から目立ちたがり屋でした。高校では文化祭の実行委員になって、一人で突っ走って、まわりの事情を考えずに「なんでもっと頑張ってくれないの？」ってずけずけ言って怒られて。一直線でまわりが見えなくなるところが昔からあったな。中学があんまり楽しくなかったから、高校ではみんなで何かを成し遂げる青春っぽいことがしたかったんです。それで空回りした、苦い記憶です。

虹コンに入ってからも、同じことをやっちゃってました。予科生のときは歌割りやフォーメーションが変わることが多かったんですね。自分は毎回頑張って覚えてたんですけど、失敗しちゃうメンバーがいると「もっと真剣にやってよ」って怒ってました。いま振り返るとみんな頑張ってたのはわかるけど、自分が頑張ってることは、ほかの人も同じくらい頑張るのが当たり前だと思ってた。反省しかないですね。

——岡田さんと喧嘩したことがあったとか。

そうそう。虹コンってメンバー同士が衝突することはほとんどないんですけど、唯一、彩夢ちゃんと喧嘩したことがある。あるライブで「MCが長かったんじゃない?」って、私がよけいなことを言っちゃったんですよ。そしたら「なんでそんなこと言うの?」って喧嘩になっちゃいました。完全に私の言い方が悪かったんです。でも彩夢ちゃんが相手で良かったです。唯一ぶつかれたっていうか、「嫌だ」ってちゃんと言ってくれたことで人の気持ちを学ぶきっかけになった。めちゃくちゃ反省しました、あのときは(笑)。これをきっかけに彩夢ちゃんとめちゃくちゃ仲良くなれたのも良かったです。

あかりん先輩からも「しみちゃんは、自分の言うことで人が傷つかないか考えないとね」って言われたことがあるんですけど、悪気なく人が気にしてることを言っちゃってたみたい。

自分が正しいと思うことは言う！　ってエゴの塊だったと思います。それはただの押しつけであって、それぞれ状況が違うなかでやってるんだから、他人を否定するのは絶対に違うって、ここ1、2年でわかってきました。

——この1、2年で、どんな変化があったのでしょうか。

以前にも注意されることはあったけど、素直に受け入れられるようになったんですよね。理由は…心に余裕ができたのかな。予科生になってから、早く虹コンのメンバーとして認められる自分になりたいと思って活動してきたけど、2年前くらいから、「自分は虹コンのメンバーとして貢献していけるかも」って実感が湧いたのかな。虹コンのメンバーになれたって実感と自信が持てたというか。

——初めて自分が虹コンのメンバーだと実感が湧いた瞬間は覚えていますか?

実感できたのは、『ずっとサマーで恋してる』からですね。レコーディングでフェイクを歌わせてもらえたとき、自分は歌で虹コンを支える立場になってもいいのかなって思えたんです。その前までは、本当ならめっちゃ歌がうまい陶山先輩('18年に卒業)が担当するはずだったパートを、私なんかがやらせてもらってるだけって思ってたんですよ。でも『ずっサマ』で「フェイクを好きに作って入れてみて」って言われたとき、初め

て〝私のパート〟をもらえた！　って感じました。人の代わりじゃない、私の役割。それからは「虹コンになりたい」って気持ちから「虹コンを支えたい、もっと上に行かせたい」って方向に欲が出てきて、意識が変わっていきましたね。

『紅白』で水樹奈々さんを見て歌手に憧れた

——歌割りやフォーメーションについて、奥村さんがいた時代はセンターとそれ以外をきっぱり分ける形式が多かったですよね。

そもそも自分の歌割りがほぼなくて。歌えるのは7人だけって時期もありました。いまはこんなにメンバーが多いのに絶対に全員ソロパートがある。そんなグループあんまりないですよね。これも虹コンの魅力のひとつだと思います。特に青組は虹コンの一員になった実感がなかったから、みんなが自分の居場所を確立できるようになって、ようやくその先を考えられるようになった気がします。

——今年ソロデビューを果たすなど歌唱力が高く評価されていますが、昔から歌うことが好きだったんですか？

いろいろと意識して練習するようになったのは、中学時代です。深夜アニメを観るようになって『とある科学の超電磁砲』のOP曲『only my railgun』を聴いたとき、カラオケで歌いたい！　高得点を出したい！　って思ったのがきっかけでした。早口で高音でとにかく難しいんですけど、不思議と難しいほどやる気が出ます。

同じ時期、『紅白歌合戦』で水樹奈々さんが『PHANTOM MINDS』を歌ってるのを聴いて、堂々としてカッコいい、アニソンを歌う人が『紅白』に出られるんだ、って思ったんですよ。アニソンって映像と曲がマッチした世界観があって、考えようによってはMVと同じですよね。

カッコいい映像の中で私も歌ってみたいって気持ちは、そのころから漠然とあった。だけど、自分に自信がまったくなかったから、無理だよなって諦めてた。いまアイドルとしてMVに出ている状況は、昔の自分なら信じないだろうって思います。

——でも虹コンのオーディションに応募したときの話といい、自分に自信がありそうなエピソードが多いです。

最初は何も考えずにチャレンジするけど、だんだん自信をなくしていくタイプかも（笑）。いまも歌にめちゃくちゃ自信があるってわけじゃないし、ほかのメンバーの素敵なところと比べたとき、私の歌は武器と言っていいのか…？　って思ってます。でもソロデビューさせてもらえたのは、私が成長して唯一無二の存在になる可能性を認めてもらえたからだと思うんです。もっと努力して、私の歌を虹コンの武器にしていきたいと思ってます。

昔から〝仲間〟を作るのが夢だった

——いまも自信がないとのことですが、いちばん自信を失っていた時期はいつですか？

『キミは無邪気な夏の女王』のMV撮影は辛かったですね。歌割りは少しあったけど、ソロカットを撮ってもらえなくて、〝その他の人〟扱いをされたのがグアムの思い出。青組で同時期に昇格した彩夢ちゃん、夏菜ちゃん、愛梨ちゃんも同じ感覚だったと思うし、たまにこの時期のことを話します。ほかの人にも同じ質問してるんですよね？『夏の女王』と『†ノーライフベイビー・オブ・ジ・エンド†』のMV撮影が辛かったっていうメンバー、絶対にいると思うんですけど（笑）。でも、辛いことを経験しないと成長しないし、べつに辞めたいほど辛いわけでもなかったし。

　私、人生レベルで辛くてもう無理って、思ったことがないんです。なんなら、自分のことをすごく楽をして生きてきた人間だと思ってるので。実感として、辛い思いをして努力したって記憶はないんですよね。

——トータルで見たら楽しい気持ちが勝っていると。

　だって、虹コンに入れただけで奇跡ですから。昇格してもっと上を目指してるなんて、昔の自分に教えても信じないんじゃないかな。そもそも、入る前は一人で戦うつもりだったんですよ。若い女の娘が集まれば、絶対にいじめとかあるじゃん。でもそんなのには負けないで、上を目指してやる！　って思ってたら、いい人たちしかいなくて（笑）。まずそこから予想外だったんです。

　これ、誰にも言ったことないけど、昔から「仲間が欲しい」って思ってたんです。一蓮托生で何かを一緒に頑張るってことにずっと憧れてた。学校や部活でも、どうしても距離を置いてしまうというか、自分の居場所だって安心できるところがなくて、ずっと不安定な状態だったんです。だから「仲間」っていう存在はもう遠い夢、理想、アニメの中にしかないくらいのイメージでした。虹コンの一員になって、仲間ができた時点で夢は達成してるし、いまは虹コンをもっと上に行かせたいって、自分の望みがどんどん成長していってますね。

——応援し続けてくれるファンの存在も大きいですよね。ファンが喜んでくれた印象的な場面はありますか？

　本当に大きいです。昔から

INTERVIEW
RIKO SHIMIZU

だって、虹コンに入れただけで奇跡ですから

自分のやったことで、誰かが喜んでくれるのが生きがいなんです。虹コンのツアーで地元の和歌山公演が決まって、「わー!!」って大歓声が上がったときですね。私が地元でライブできることを、こんなに喜んでくれる人がいるんだって感動しました。『ずっサマ』のMVでいいパートをもらえて、みんなが喜んでくれたときも嬉しかったな。

一度会いに来てくれた人は全員覚えてる。だって、同じ人を何年も好きでいてくれるなんてありえないことだし、自分にそんな価値があると思ってなかったし。そんな自分をみんなが支えてくれるから自信を持てる。みんながいてくれるから、人を信じられるようになったと思う。みんなに喜んでもらうためっていうのが、アイドルを続けているいちばん大きな理由です。

——7周年を迎えて、今後の虹コンをどうしていきたいと考えていますか？

華鈴先輩が'19年のライブで「虹コンは武道館に立ちたい」って宣言した後、メンバーの入れ替わりもあったから、ファンのみんなは「まだ武道館を目指してるのかな？」って思ってるはず。人それぞれの道があるから、いまのメンバーで絶対に武道館に行くとは言えないけど、それでも私は虹コンで武道館に行くって夢をかなえたいです。

グループの今後については、変わることも大事だけど、変わらないことも大事だと思ってます。いまの虹コンが大好きだから、変わりたくはない。でも、いまのみんなが歌割りをもらえている状況が甘えを生んでいるのだとしたら、少しは競争を取り入れてもいいのかなって思う。でもそれで仲の良さが崩れてしまうのは絶対に違うから、もふくさんにうまいやり方を考えてほしいです！

——では最後に、いまから7年後はどんな自分になっていたいですか？

歌い続けてる自分でいたいです。もちろん歌が好きっていうのもあるけど、ファンのみんなとの関わりを断ちたくないのがいちばんの理由。アイドルっていつかはいなくなるけど、私はずっと「おばあちゃんになっても歌い続けるので、よろしくお願いします」って言ってます。そもそもの話、いま私を知ってくれている人だけじゃなくて、すべての人を幸せにしたいと思ってるんです。いまはそんな大それたことを言える実力じゃないので、7年じゃ全然足りないけど、努力し続けます。いつか作詞ができる彩夢ちゃんと、作曲できる茉莉奈ちゃんとコラボできたら嬉しいですね。あと、虹コンメンバーとはずっと仲良くしたい。7年後はまだ早いけど、みんなで老人ホームを作って同居したいねって言い合ってます。

DOCUMENT

7年めの新メンバーオーディションに密着

新メンバーは18歳
石原愛梨沙!

自由課題曲では『THE☆有頂天サマー!!』を披露

JUL.3

もふくちゃんは「透明感とフレッシュさがある」と評した

JUN. 5

自由課題曲では『chaos and creation』を披露

もふくちゃん、Yumiko先生のアドバイスに聞き入る

MAY 8

この日は無観客。審査員と向かい合って歌とダンスを披露した

終了後にはリモート特典会による審査をおこなった

APR. 11

LINE CUBE SHIBUYAでの虹コンコンサートで、メンバーといっしょに、大きなステージで『トライアングル・ドリーマー』を踊った

7周年の節目の年に、虹コンに新メンバーを——。'20年末に募集が開始され、新メンバーオーディションは、'21年4月からは5人のファイナリストが競ってきた。毎月1回審査員と観客の前で歌とダンスを披露、それ以外にも動画を審査員に送り、また配信や特典会ではコミュニケーション能力が試された。そして7月3日、東京・TSUTAYA O-nest での最終ステージ審査で、ついに新メンバーが決定した。

結果は、鶴見萌から発表された。「虹のコンキスタドール　メンバーに選ばれたのは石原愛梨沙さんです」。埼玉県出身の18歳が、新メンバーに選ばれた。ここでは発表直後、「まだ現実味がない」という石原を直撃したインタビューをお届けする。

——合格おめでとうございます。応募のきっかけは？

このご時世で、観る人に笑顔を届けられるアイドルってすごい、自分もなってみたいと思ったんです。芸能活動は禁止の高校に通っていたので、卒業のタイミングで応募しました。目立ちたがり屋なほうなので、ステージに立ってみたいって気持ちもありました。

——部活や学校のイベントで人前に立つのが好きだった？

小さいころにピアノ、中学では吹奏楽部でドラム、高校ではチアダンスをやってました。

学校の合唱祭や卒業式ではピアノの伴奏をしました。緊張するけど、努力してきたことを見てもらって、達成感が得られるのが好きなんです。

——Yumiko先生は選出の理由として「仕事への向き合い方が丁寧だった」と話していました。真面目な性格ですか？

やるべきことは早くすませたいので、宿題はすぐにやってから遊ぶタイプでした。学校では理系のクラスに通っていました。

——友達は多いほう？

理系で女子が少ないので、クラスの8人みんな仲良しでした。お昼の時間にペットボトルをつなげて流しそうめんをしたり、パーティをしたりしてはしゃいだのが思い出です。楽しかったな。

——今後の目標は？

ダンスがまだまだなので、まずはメンバーに馴染めるようにしたいです。いつか先輩たちと武道館やアリーナに立てるように頑張ります！

いしはら・ありさ　18歳　'02年10月13日生まれ　埼玉県出身　趣味はゲーム　特技は吹奏楽部で鍛えたドラム　公式Twitter（@ishihara_arisa）

CONQUISTADOR

IN GRAVURE

AYAME OKADA

MOE TSURUMI

AKARI NAKAMURA

RIKO SHIMIZU

G.H.CRETORS

AO YAMATO

NANA YAMASAKI

MARINA
KUMAMOTO

MIYU KIRINO

MIYU OTSUKA

KARIN MATOBA

大和明桜

赤組の誰かが卒業するまで
私は辞めません

PROFILE

やまと・あお　'02年5月23日生まれ　東京都出身　'15年8月、正規メンバーに。趣味はオタ芸、特技はカメラ。言動がユニークなバラエティ担当。公式Twitter（@yamato__ao）、Instagram（@yamato_ao）

虹コンのムードメーカーとして確固たる地位を築いているアーオこと大和明桜。最近は、アイドル活動のみならず、バラエティなど、活動の幅をマルチに広げている。アイドルになったきっかけは母親という加入の経緯、予科生から正規メンバーへの昇格と昇格後の苦悩、そして新メンバーとの裏話まで。予測不能なアイドル人生を送るアーオに迫る。

――虹コン加入前からアイドルのオーディションを受けていたんですよね？

もともと、お母さんがすごいアイドル好きで、私をどうにかアイドルにしようとしていて（笑）。それで、いくつかアイドルさんのオーディションを受けていました。

――明桜さんもアイドルになりたかった？

うーん。なりたくなかったわけじゃないんですけど、感情がなかったと思います。本当にお母さんの言うがままに生きていたので。そんなに自分の考えも固まってなくて。絶対アイドルになりたいとか、なりたくない、とかは思ってなくて。どっちかって言えば、お母さんが受けてって言うから受けていた要素が大きかった気がします。

ハロプロさんは、家族の影響で私も好きだったので、入りたかったんですが、いいところまで進んだんですけど、結局ダメで…。

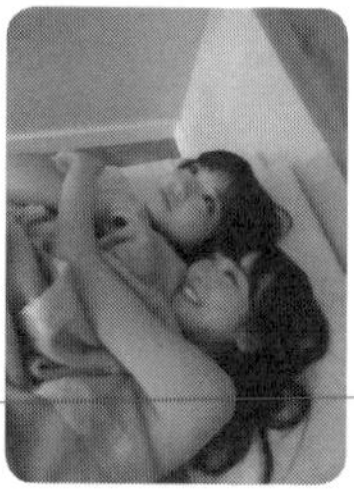

――そのあと、オーディションを受け虹コンに加入しました。

いろいろオーディションを受けているときに、だんだんやりたくないと思うようになって、「本当に嫌だからやめて」ってお母さんに言ったんですよ。そしたら「これが最後だから」って言われて、最後ならいっか、と思って受けたら合格したのが虹コンでした（笑）。

――では、合格してどうでした？

受かったときは、正直「どうしよう…」って思いました。入る直前までプロデューサーさんに、加入するかどうか聞かれてたんですよ。

お母さんに聞いたら「ここまできたら自分の自由でいいよ」って言われて。中学の青春かアイドルかって悩んだときに、なんでかわかんないけど、アイドルを選んでいて。とりあえず、2年はやってみようかなって。

――2年というのは？

高校受験のためですね。

――行きたい高校があった？

いや、全然ないんですけど、単純に頭が良くなりたかったんです（笑）。中2くらいでアイドルを卒業すれば、勉強の面で追いついて、高校受験もできるかなって思って、2年って考えていました。

――2年のつもりが、6年以

上続けることになるわけですが、**振り返ってどうでしたか？**

この前、華鈴先輩は「すごく長く感じた」って言ってたんですけど、私はめちゃくちゃ短く感じていて。

——それはなぜ？

たぶん、自分の意思からのスタートではなかったからかなって思います。だから加入当時は自分がアイドルっていう意識がまったくなくって、ここ数年なんです。アイドルだって意識しだしたのは。

2期生として加入して、正規メンバーに昇格してから1、2年くらいかな？ 中学の終わりくらいまで、メインメンバーみたいな活動はできていなかったので。

でも、あの経験があったから、メンタルは強くなった気がします。

当時、最年少で入っていたので、上の人も期待してくれていたんですよ。でも私のスキル不足もあって、期待どおりにいかなかったんです。当時は、自分のことを客観視できていなかったので、なんで評価されていないのかもわからなくて。

——「なんでだろう」という気持ちだったんですね。

そうですね。予科生から正規メンバーに昇格してからも、レコーディングとかに呼ばれないのを感じていて。「昇格したのになんでだろう…」って、ずっと思っていました。一緒に昇格したミーユは呼ばれていたので、よけいにそう考えましたね。

——心が折れそうになりませんでしたか？

ミーユは赤組だったのに、私は昇格してからもずっと青組で活動していて…。メジャーデビューする直前のワンマンで青組から赤組になったんですけど、あのタイミングで赤組になってなかったら、たぶん辞めていました。

会議室で大人たちと赤組メンバーが集まって「明桜ちゃんも赤組に入れたいんですけど」って、相談してくれたんです。それまで、なんとなく自分は認められてないと感じていた部分があったので、やっと仲間に入れたというか。

——そこをきっかけに変わっていくんですね。

あとは、いまは卒業しちゃったんですけど、ののた先輩と仲良くなったのもきっかけだと思います。ののた先輩が卒業する1年とか半年くらい前に、やっと仲良くなれて。それをきっかけに、当時、センターもされていたののた先輩を、より尊敬するようになりました。そこから自分が変わり始めたのかなって思っています。

——そのあと、奥村さんの卒業をどう感じました？

尊敬していたので、悲しかったんですけど、歌割りとかをけっこう受け継ぐことができて。ののた先輩のぶんも、よけいに頑張らなきゃって思いました。

――歌割りが増えたことで自信が出てきた？

徐々にですけど、やってやるぞって想いは芽生えていた気がします。少しずつ虹コンの役に立てている気がしてきていたので。

'18年に『ふたりのシュプール』で、初めて歌割りを2つもらったんです。ちょうど裏声を使えるようになり始めたタイミングで。

たしか、もふくさんに初めて歌について相談したんですよ。歌い方のコツを聞いて、それで歌割りをゲットした。そこから、ちょっと自信を持ち始めました。

――メンバーの卒業が多かった時期に、自分が戦力になれていると思い始めたんですね。

そうですね。

――それこそ、加入して2年たったくらいのタイミングだと思うんですが。

そのときにはもう、2年で卒業しようって想いはなくなってました。卒業した先輩は全員尊敬していたし、悲しかったけど、先輩の分も頑張らなきゃって思えて。先輩方にしてもらってきたことが多すぎて、このままじゃ卒業できないなって思えました。

それ以降、卒業したいと思ったことはないですね。

――楽しい話もしましょう。いちばん楽しかった思い出はなんですか？

2回めのタイ遠征です。何日かオフの日があって、けっこう遊んだんですよ。象に乗ったり、水上マーケットに行ったり、みんなでご飯食べたり、自由だったから楽しかった。ナイトプールにも行って、解放された時間でした。

ミーユの復帰は
そんな気がしてた

――ファンの方との思い出はありますか？

なんか、私こういうこと言うタイプじゃないんで、あんまり言いたくないんですけど、ファンの方がいたことが、いちばん大きいかなって思います。

――振り返ったときに支えになっていた。

そうですね。特に私は、特典会に来てくれる方が0人のときもあって。最初のころは、私のファンは10人もいないくらいでした。でもみんなめちゃくちゃ私のことを思ってくれていて、何があっても負けるなみたいなファンの方たちで。すごく支えられたなって思います。

――ここ一年でファンとの交流の場も減ってしまいました。

もちろんそれは悲しいんですけど、この一年くらいで、すごくファンの人数が増えた気がしていて。最近は一人ひとりの自分推しの方を大切にしなきゃなって思っています。

INTERVIEW
AO YAMATO

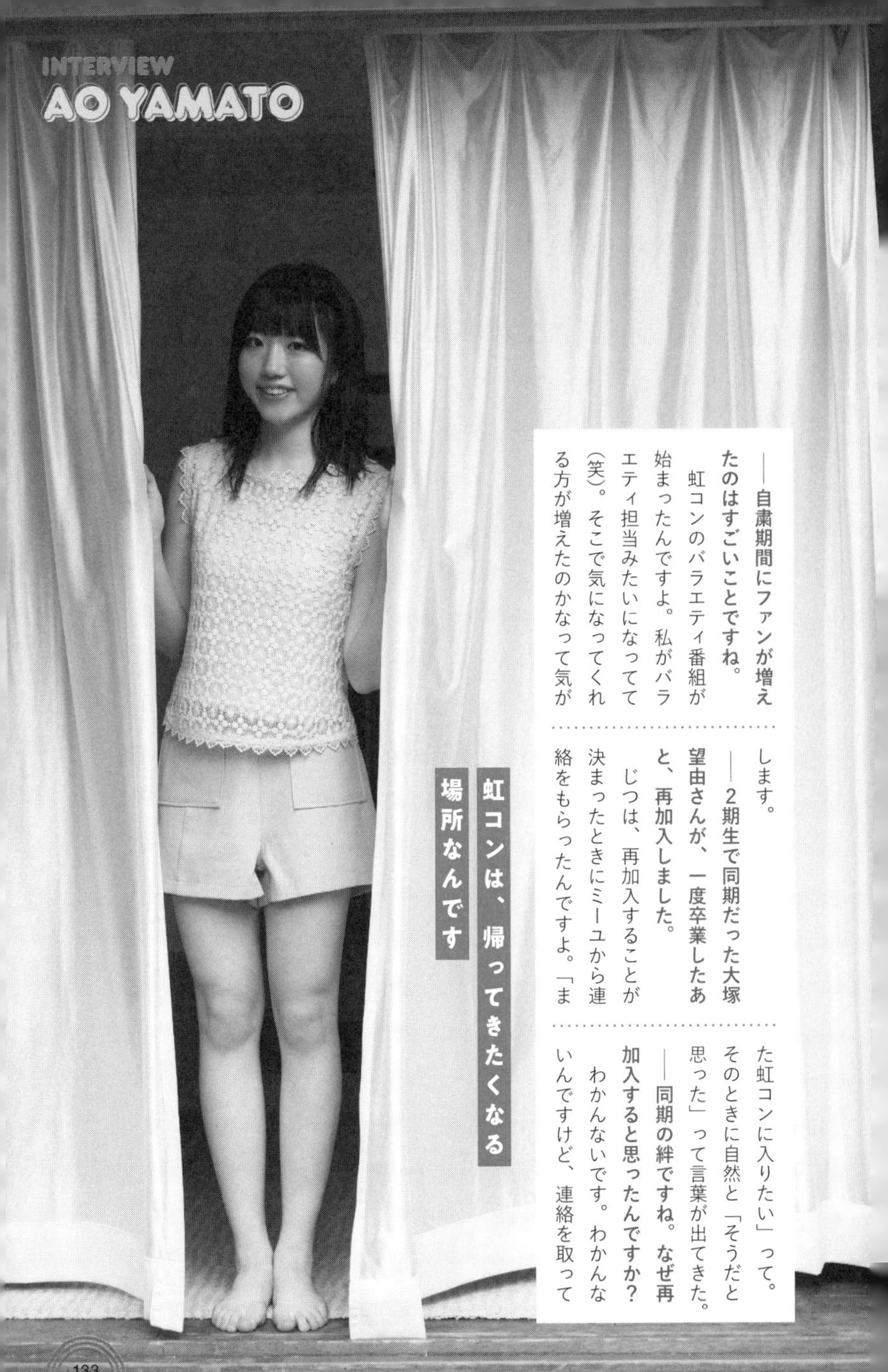

虹コンは、帰ってきたくなる場所なんです

——自粛期間にファンが増えたのはすごいことですね。

虹コンのバラエティ番組が始まったんですよ。私がバラエティ担当みたいになってて（笑）。そこで気になってくれる方が増えたのかなって気がします。

——2期生で同期だった大塚望由さんが、一度卒業したあと、再加入しました。

じつは、再加入することが決まったときにミーユから連絡をもらったんですよ。「また虹コンに入りたい」って。そのときに自然と「そうだと思った」って言葉が出てきた。

——同期の絆ですね。なぜ再加入すると思ったんですか？

わかんないです。わかんないんですけど、連絡を取ってるなかで、なんとなくそんな気がしてたんです。虹コンってすごくいやすいんですよ。居心地が良くて。だから、もし辞めても、絶対帰ってきたくなる場所だと思うんです。ミーユにそう言った理由はわからないんですけど、なんとなく戻ってくると思っていたのは本当です。

——大塚さんは驚かれましたよね？

びっくりされました。「なんでわかるの？」って。

——大塚さんとの関係は、その後どうですか？

ミーユが辞めてからは友達みたいになって、そのあと虹コンに戻ってくるって聞きました。最初は「いまの虹コンはこんな感じで、すごく楽しいんだよ」みたいなLINEを送ったりしてたんですけど、いざ、レッスンで会ったら、どうやって接していたのかわからなくなっちゃって。友達が急に虹コンに入ってきたような不思議な感覚です（笑）。

——同期でしたが、いまは後輩となっていて、複雑な心境ですよね。

ここ一年くらいで自分がいろいろ成長できていると思っていて。ミーユを見ると、昔のことを思い出すんですよ。自分がいちばんクソガキだったころを急に思い出して、大人になってきているって思ったり。

——確かに同期とはいえ、4年くらい経験に差が生まれましたよね。

でも、危機感があるんです。当時はお互い支え合っていたけど、いまはそれぞれが必死でしがみついているから、昔のような支え合いっていう感じではないかな。まだ、入ってきたばっかりですけど、しゃべり方とかが似てるから、当時に比べて、ちょっとライバル心はあるかもしれないです。助けてもらってばっかりだったけど、いまは、同じくらいの位置に立てているのかなって。

マルチに活動する最強の女性になりたい

——新メンバーも加入して、いまの虹コンのことをどのように見ていますか？

最近、アーティストっぽいアイドルって増えたじゃないですか。なんというか、正統派の〝ザ・アイドル〟ではないなって思ってしまって。

虹コンって元気！　元気！　ハッピー！　みたいな感じじゃないですか。〝ザ・元気〟を与えるアイドルでいたいなって思っています。いまのアイドル界のなかでも、数少ない正統派のアイドルなんじゃないかなって思っているので、それを貫いていきたいって思います。

——事前にもふくちゃんとYumiko先生に話を聞いたのですが、大和さんのことは「最近滑舌を直す努力をして、MCを頑張ろうとしている」とおっしゃってました。

そうですね。2年前に神奈

川県民ホールでライブをしたときに、一人でMCをしたときがありました。それまでライブで目立つことって本当になかったのに、初めて目立つことができて、自分の役割みたいなものがわかった。そのあとくらいから、虹コンのバラエティ担当っていう印象がついたんですけど、あの経験が大きかったなって思います。あとは、毎週月曜日に配信してる@JAMさんの放送とか、ラジオでもしゃべらせてもらえることが増えた。
　ずっと大人の人が怖かったんですけど、仕事をしているうちに、どうすればいいのかどんどんわかってきて、やっぱりここ一年は成長したなと思います。

——今後もMCの仕事は増やしていきたい？

　そうですね。もっと増やしたいし、もっとうまくなりたい。でも、演技もしたいんですよ。私ももともと、子役をやってたんですけど、当時はやらされている感じが強かった。

いまは自分でやりたいって思えているので、挑戦したいな。これからも、どんどん挑戦していって、アイドルをやりつつ、自分に合うものを見つけていけたらいいなって思います。

——最後に。7年後はどんな女性になっていると思いますか？

　うーん…。7年後か…。アイドルやってるのかな。

——やっていたいという願望はある？

　私は赤組の誰かが卒業するまでは卒業しないって決めていて、7年後まで赤組のメンバーが全員やっていたら、絶対続けていると思う。この7年間、家族よりもメンバーといる時間のほうが長いんですよ。家族も知らないような辛い経験もメンバーは知っているし、いっしょに乗り越えてきているので。
　とりあえず7年後は、いろいろなシーンでマルチに活動できるような、最強の女性になっていたいと思います。

中村朱里の回答

対バンで、ほかのグループとはどうやって交流してる?

「虹コンはぐいぐいいけないタイプが多いので、対バンでも基本的に楽屋でこぢんまりみんなでまとまってます。共演したことがある方に挨拶したくても『向こうは覚えてないかもしれない』って思っちゃうんです。でも、前に℃-uteさんがスペシャルゲストで来てたときは、思い切って一緒に写真を撮ってもらって、すごく嬉しかったです。オーラがきらきらしてた…」

山崎夏菜の回答

憧れのアイドルはエビ中。「エビ中さんが本当に大好きなので、アイドルフェスの楽屋裏で、一生分の勇気を振り絞って、覚悟を決めて、ご挨拶に行ったことがあります。心細かったので虹コンのみんなで行ったんだったかな。『虹のコンキスタドールです。お写真よろしいでしょうか…？』ってお願いしました。あの笑顔を間近で見て、ぽーちゃんさんに『チャンス』って呼んでもらったのは、一生の思い出です」

BATTLE TALK 4

バトルトーク｜王道アイドル虹コンに聞け！④

対バンの「お作法」ありますか？

桐乃みゆの回答

WILL-O'時代の思い出。「T-Fに出たとき、大好きで高校のときに握手会にもめちゃくちゃ通ってたNMB48さんが同じ日に出てたんですよ。人見知りだけど、マネージャーさんに背中を押されて、大好きな梅山恋和ちゃんにご挨拶しに行きました。めちゃくちゃ優しくて、一緒に写真を撮ってもらったうえにTwitterでもフォローを返してくださって、さらに好きになっちゃいました。自分、ちょろいですね（笑）」

山崎夏菜

夢や目標は
誰にも言わないでおくんです

PROFILE

やまさき・なな　'02年5月25日生まれ　神奈川県出身　'17年1月正規メンバーに。ニックネームはチャンス。趣味はサプライズを考えること…と自称しているが、真実ではないとの噂も。公式Twitter（@yamasaki_nana)、Instagram（@yamasaki_nana_chan）

虹コンメンバー内で「ダンスがうまい」と絶賛される山崎夏菜。虹コン加入前には、きゃりーぱみゅぱみゅのバックダンサー〝きゃりーキッズ〟を務めた経験を持ち、「振り覚えで苦労したことはない」と語る、グループきってのダンスメンだ。〝偏差値ゼロ〟を自称する天然な発言でベールに包まれてきた彼女の本心を聞いたところ、応援してくれるファンへの熱い想いや、アイドル経験を〝チャンス〟ととらえ、新しい夢に向かう現在の心境を語ってくれた。

――虹コン加入前から芸能活動をしていたんですよね？

小4からダンスを習い始めたら、たまたま先生がきゃりーぱみゅぱみゅさんの振付をしてる方だったんです。オーディションがあったので受けてみたら、すっごくたくさんの人がいたけど、私を入れた6人が残って「バックダンサーをやりませんか？」って言われて。事務所に所属していたわけでもないから、自分では芸能活動だとは思ってないんです。

――ダンスに興味を持ったきっかけはなんですか？

小さいころのこと、あんまり覚えてないんですけど…。AKB48さんが好きで、家でもよく振りコピをしてた記憶があります。大島優子さんが好きで、握手会にも連れてってもらってました。地元のダンススクールに通い始めて、いつの間にか週に何回も通うようになって。バレエや公文などいろんな習い事をやったなかで、唯一続いたのがダンスでした。

――人前に立つのが好きだったんですか？

始めたきっかけもなんとなくだし、あのころは間違えないように、先生に怒られないために必死だっただけなので、好きとか嫌いとか考えたことなかったかも。中1くらいまでやったあとに徐々にバックダンサーに呼ばれなくなって、自然消滅みたいな感じでした。

――その後、何か打ち込んだことはありますか？

何もせず普通に生きてましたね。部活に入らなきゃいけなかったので、あんまり行かなくてもいいラグビー同好会に入って、毎日友達と遊んでた。あ、でもその間もアイドルにはずっとハマってて、特に好きだったのは私立恵比寿中学さん。中1のころはライブにもたくさん行って、秋田県まで遠征したこともあるくらい。親は全部自由にさせてくれてたので、最近になって、「普通はこうじゃないだろうな」ってわかってきました。ありがたいですよね。

エビ中さんが大好きで妹分グループの桜エビ～ず（現・ukka）さんやほかのスターダストさんのオーディションを受けたけど、落ちちゃいました。アイドルになりたいというより、エビ中さんの近くに行きたいだけだったかもしれません。同時期に虹コンの存在を知って、なんとなく軽い気持ちでオーディションに応募して、それだけで満足してたんですけど。ある日連絡がきて、面接に行ったら合格できました。

――大好きなアイドルになってどんな気持ちでしたか？

実感が湧かなかったです。…というか、あんまり実感したことがないかも（笑）。予科生のころは先輩の衣装を借りてたし、昇格して虹コンの正規メンバーになったときの『†ノーライフベイビー・オブ・ジ・エンド†』の衣装も採寸した自分専用のじゃなくて、Mサイズって書いてある予備だったから。

ああ、そうだ、『サマーとはキミと私なりっ!!』ではメンバーカラーの衣装を作ってもらったので、ようやく「自分のだ！」って実感した気がします。初めて落ちサビの歌パートをもらえたのも『サマなり』だったから、印象深い曲になりましたね。ほかには、ライブで初めてイヤモニをつけたとき、「ちゃんとしたアイドルになった！」って感じがして嬉しかったですね。

――悔しかったこと、辞めたいと思ったことはありますか？

もう、しょっちゅうありますよ。初めてレコーディングに参加したのが『キミは無邪気な夏の女王』で、歌割りはひとつもなくて。レコーディングでは『サマなり』までずっと悔しい思いをしてました。『夏の女王』ではMV撮影前に振り入れをしてフォーメーションも完成してたのに、スタッフさんのチェックで立ち位置を端に変えられたんです。端っこにいた先輩に「そこ、山崎と交換して」って言われたときは、うっ…て心にきましたね。最初からそうだったらともかく、あとから変えられたことで「私じゃダメだったのかな」ってなるし。

辞めたいと思ったことは何回もあったけど、それでも続けられてるのは、私を推してくれてるオタクたちのおかげです。みんなが好きすぎて、辞めたら一生会えなくなるから、それが寂しいから続けてるっていうのはあります。

――どんな悔しいときも、応援してくれる人がいる。

帰り道の電車の中とか、日常のふとした瞬間に思うんです。アイドルをやってなかったら、自分のことをこんなに好いてくれる人っていないだろうな。アイドルを辞めたあとには、こんなに好きになってくれる人たち、いないだろうなって。SNSでのリプ、手紙、特典会に来てくれること、ひとつひとつの言葉も、

何もかも全部嬉しい。最近、いままでにもらった手紙を整理したら思ったよりも量があって、あらためて嬉しいなって思いました。

——コロナ禍で距離が離れても、気持ちは変わらない？

逆にこの一年がいちばん、皆さんの気持ちを強く感じたかもしれないです。もちろん毎日会えてたころも感謝してたけど、それが当たり前じゃなくなってしまったから。SNSでも、私はリプの言葉が本当に嬉しい。特に私推しの人からの言葉。本当になんでもない言葉でも嬉しい。

——清水さんは「自分推しの人がほかの人を褒めてないか監視してる」と言っていましたよ。

すごい（笑）。私もたまに見るけど、私推しの人は、ほかの人を褒めてるイメージがないかも。単推しの人が多いと思うから、ずっとそのままでいてほしいなって思います。

——話は飛びますが、タイで迷子になったことがあったそうですね。

まだ予科生だったころ、タイ遠征でライブ前にひと部屋に集まって練習をしてたんですよ。途中で、各自自分の部屋に荷物を取りに行って、また元の部屋で集合ってなったとき、ホテルの中で迷子になっちゃいました。自分の部屋番号もわからないから、ここかな？　って思った部屋を全部ノックしてみたんですけど…。

——でも自分が外にいるから、自分の部屋だとしても、誰もいないですよね？

確かに！　いま考えたらそうですよね。でもそのときは何も考えないでノックして、知らないおじさんが出てきて怖かったです。ライブ会場のアニメイトに直接行こうと思って、ホテルのフロントで、そのとき知ってた最大限の英語で「ゴーアニメイト！　ゴーアニメイト！」って言っても全然伝わらなくて。結局奇跡的にメンバーと再会できたけど、一生日本に帰れないんだと思ったトラウマです。

ライブはいつも「これが最後かもしれない」

——虹コンで過ごした5年で成長したと感じる点は？

アイドルをやってきて、歌やダンスではそこまで苦戦したことがないんです。だけどコミュニケーション能力は全然ないなってずっと思ってて。積極的に大人の人たちと話したり、メンバーたちとご飯を食べに行ったりできなくて、まあいいかって思ってきました。でもこの3月で高校を卒業して、社会に出ていくにはコミュニケーション能力が必要なんじゃないかって思って、積極的に自分からいろいろと話していこうって思っています。

――4月に新メンバー2人が入りましたが、年上でしたね。

でも2人が入ってきたときも自分から話しかけようと思って、桐乃みゆちゃんには先輩後輩関係ない感じで、タメ語で話すようにしてます。いままでだったら絶対に話しかけたりできなかったので、少しは変われたのかも。最初は一人じゃ話しかけられなかったので、結局、明桜先輩につないでもらいました（笑）。

自分からやりたいことを伝えたり、メンバーと絆を深めたり、いつも笑顔で挨拶したり。そういうことを最近、大事にしようと、自分の気持ちが大きく変わったと思います。

――事前にもふくちゃんとYumiko先生にメンバー評を聞いたのですが…。

え、怖（笑）。

――いまのお話とぴったり重なる内容でした。もふくちゃんは「最近やりたいことに気づいて、メンバーのなかでいちばん大きく変わった」と。

すごく変わったと思います。目立たないポジションのときは、〝目立たないからそんなに頑張らなくていいや〟ってずっと思ってたんです。でも去年から意識的に変えようと思ったんですよ。いま、ライブが少なくなってるじゃないですか。だからこそ、毎回、「これが最後かもしれない」って考えてやってます。いつどんな理由で、そのライブが最後になるかわからない。絶対に後悔したくないから。

26歳になったら、自立してお母さんを沖縄に

――ちなみに、もふくちゃんも言っていた「最近気づいた、やりたいこと」って、何ですか？ 夢に向かって勉強し始めていると聞きましたが。

う〜ん…。それは言わないでおきたいです。いままで、何か目標があっても誰にも言わないでやってきたし、知られちゃったらワクワク感がなくなると思っていて。具体的な目標があるとき、ブログやSNSで発信する人もいるじゃないですか。私はそうしないほうが頑張れるんです。たとえば『サマなり』で歌割りが欲しいって思ってたときも、特に誰にも言わずに、もふくさんだけに「どうやったらもらえますか？」ってLINEで聞いたし。アイドルになろうと思ったときも、誰にも言わなかった。

――こだわりが強いんですね。

でもほかのことは、なんでも流されやすいですよ。誰かとご飯を食べに行くときもまわりの意見に流されるし、本当にこだわりはこれだけ。

よく「目標は口に出したほうが応援してもらえる」って

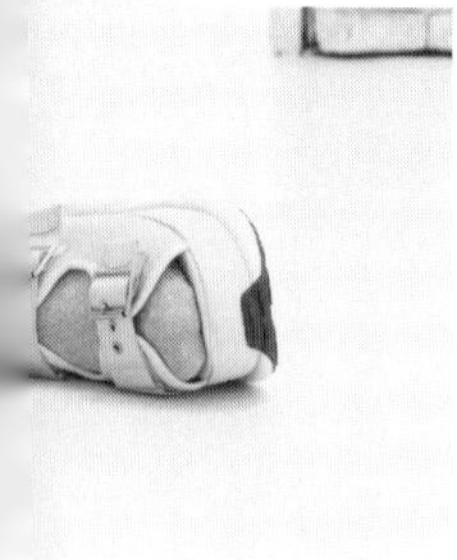

いつも笑顔で挨拶したりを
最近、大事にしています

言われるし、わかるんですけど。夢を叶えてから、みんなに伝えたいと思います。

――こだわりが強いと、メンバー同士で衝突したこともあったのでは？

　こだわりっていうわけじゃないけど、青組に入りたてだったころに少しあります。私はダンス経験者だったから振り覚えが早いほうで、あんまり苦労したことがなかったんですよ。振付もフォーメーションもすぐ覚えられるのが普通だと思っちゃってて。だから事前に言われた振付ができないメンバーがいると「なんでできないの？」って思わず声に出しちゃって、少し喧嘩して、険悪なムードになったことがあります。相手は愛梨ちゃんだったかな。でも私が勉強が苦手なのと同じで、人によって得意なことが違うんだってわかってからは、喧嘩したことはないです。

――7周年を迎えて、今後の目標や意気込みを教えてください。

いままで虹コンを続けてきて本当に楽しかったけど、永遠に虹コンでいるわけにもいかないと思うんです。まだ終わりを決めているわけじゃないけど、私は虹コンじゃなくなったら芸能活動を続けたいと思わないです。これからは自分の将来を本気で考えていきたい。私は中2からアイドルになって、みんなが普通にやってきたことを何も知らないし、世間のことを知らなすぎると思うんですよ。

まわりのみんながどんなことをやってきたのか、世の中にはどんな仕事があるのか、自分には何が合っているのか。そういうことを少しずつ考えていきたい。それを考えつつ、いつも「今回が最後のライブかも」って気持ちで、全力で頑張っていきたいです。

――ちなみに、自分に向いているのはどんな仕事だと思いますか?

子供が大好きなので、保育士かな。中学校のときに職場体験で保育園に行ったことがあって、すごくかわいかったから。でも昼寝の時間に、まさかの一緒に寝ちゃうっていう(笑)。気づいたら自分も寝ちゃってて、すごく怒られたっていう思い出があります。

――7年後は、どんな自分になっていたいですか?

7年後…26歳か。まだ意外と若いですね(笑)。でも、26歳になったら、安定した収入で働いていたいです。親に心配させないように、自立していたいと思います。自分の生活をしながら、お母さんを旅行に連れていってあげたい。昔からよく行ってる沖縄に行けたらいいですね。民宿に泊まって、海を見て、なんにもしない。そんな旅行に連れていってあげたいです。

「虹コンらしさ」とは「家族」です

隈本茉莉奈

PROFILE

くまもと・まりな　'98年7月27日生まれ　福岡県出身　'17年8月に正規メンバーに昇格。趣味は筋トレ。特技はピアノ、ダンス。絶対音感の持ち主。公式Twitter（@kumamoto_marina）、Instagram（@kumamoto_marina）

幼少期からピアノ教室、ダンス教室、劇団などに通い、グループのなかでもオールラウンドな芸達者という印象が強い隈本茉莉奈。'19年には特技を生かして、個人でピアノの仕事をしたこともある実力者だ。加入当初、虹コンに対する印象は「個性が爆発しているグループ」だったが、いまでは「家族」に変わったという。人一倍「虹コン愛」が強い彼女が歩んだこれまでの道のりは、けっして順風満帆なものではなかった。

――ピアノやダンスなど、芸達者な印象があります。ご自身ではどう感じていますか？

ありがとうございます。でもそんなことないんです！ ただ器用貧乏なだけで、けっこう悩んでるんです（笑）。虹コンって唯一無二の個性を持ったメンバーが多くて。だから12人全員が揃ったときに、大きな力を発揮できるんだと思うんです。でもそう考えたとき、「自分は突出したものを持ってないな」って。

――20年近くダンスもピアノもやり続けるってなかなかできないことだと思います。

やり始めたらとことん突き詰めるタイプなんです。でも要領が良くないことは、23年生きてきてよくわかっているので（笑）。メンバーにはすごくセンスがいい娘だったり、なんでもスッとできちゃったりする娘がいるけど、私はそんなタイプじゃないので、コツコツ努力していくのみです！

――もふくちゃんは、「グループを俯瞰することができる貴重な存在」と隈本さんを評しています。

優しいですね（笑）。最近よく「もっと自分を出していい」と言われるんです。でももともと、自分に自信がないんですよ。

――なぜですか？

過去に同期のなかで自分だけ正規メンバーに昇格できなかったことがあって。さすがにすごくヘコみました。それまで同期のみんなと「正規メンバーに上がろう！」って頑張ってたのに、やっぱり「私って虹コンらしくないのかな」とか「いてもいいのかな」とか、存在意義がわかんなくなっちゃって、人生について考えたりしました。

――'17年のことですね。隈本さんの考える「虹コンらしさ」ってなんだったんでしょう？

昇格できなかった当時は「個性が爆発しているグループ」だと思っていました。なので「自分には個性がないんじゃないのか、普通なんじゃないのか」って悩んでました。

――どうやって乗り越えたんですか？

当時はいまと違って「自分が目立たなきゃ正規メンバーになれない」って考え方だったんです。でも上がれなかっ

INTERVIEW
MARINA KUMAMOTO

た期間があるからこそ、虹コンのことを考えるようになった。「虹コンに必要とされる人間になろう」と考え方が変わった気がします。いま「虹コンらしさ」を聞かれたら、「家族」みたいな。ちょっと照れちゃいますけど。

――家族になった。

みんなが優しくて温かくて。「ほんとにアイドルグループ!?」って思うくらいです。アイドルが言いがちですけど、「うちがいちばん仲がいいよ!」って思っちゃいます。

最近すごく落ち込むことがあって。でも人に相談するのがすごく苦手なので、メンバーには何も言わずにいたんです。そしたら急にメンバーからLINEで「大丈夫?」「元気?」とかメッセージが来て。レッスンで会ったら「お菓子食べな」って、そっと気持ちを察してくれたり。

自分のことだけじゃなくて、まわりを見てくれる優しいメンバーがいるのが虹コンだなって。

――みんなが優しいんですね。

本当にみんなですね。人それぞれ方法は違いますけど。LINEくれたのは、ねも先輩でした。こないだも「癒しグッズだよ」って言ってヴィレッジヴァンガードで買ってきてくれたものをいただいて。ほんとに優しいんです。いちばん忙しくて、絶対他人に気を遣う余裕なんてないはずなのに。

――家族だとすると、メンバーをどう振り分けますか?

えー、難しいな。でもやってみたい! そうだな…。華鈴先輩は、やっぱり太陽なんだよなー。

――いきなり家族の枠を超越しちゃいましたね。

そうだ、家族だった(笑)。じゃあ、華鈴先輩はお父さんかな。で、ねも先輩がお母さん。2人が大黒柱ということで。妻が萌先輩かなぁ。つまり、萌先輩の夫が私です。頼れるお姉ちゃんはあかりん先輩で、弟はたくさんいますねー。明桜先輩と夏菜ちゃんはやんちゃだし、望由先輩とみゆちゃんも、なんか愛嬌があって面倒見たくなるタイプなので。愛梨ちゃんは、私と萌先輩の娘ですかね。彩夢ちゃんは同期だけど、人生経験が私の3倍くらいあって達観してるから、おじいちゃんにしときます! りこぴんはおばあちゃんにしときましょう。ギャルギャルおばあちゃんですね。

――祖父、祖母、父、母、妻、娘、姉、弟が4人。少し強引な振り分けも混じってた気がしますが、素敵な大家族が完成しましたね。

よくメンバー同士で「将来みんなでお金貯めて、自分たちの老人ホームを作ろう」って話してるので、全員揃ってひとつ屋根の下で暮らせる日が来るかも！　実現するようにもっと頑張らなきゃ。

――隈本さんにはもうひとつ、'18年の奥村野乃花さんと陶山恵実里さんの卒業も、大きなターニングポイントだったと思います。

　そうですね。それまでの自分は、後輩だからという甘えもあって、「みんなについていけばいいかな」って気持ちだったんです。それが、当時〝ザ・センター〟だったののか先輩と同時に、陶山先輩まで卒業しちゃって。このままだらだらいったら、虹コンを応援してくれる人がいなくなって、終わるんじゃないかって言われてました。スタッフさんとの話し合いでも、メンバーだけでの話し合いでもそうでした。

　だから「このまま大好きなグループを終わらせたくない！」って気持ちがすごく大きくなって。「このままついていくだけじゃダメだ。自分も力をつけてメンバーを引っ張っていけるくらいになりたい。いや、ならなきゃ！」って考え方に変わったんです。とにかく「できそうなことはがむしゃらに挑戦しよう！」と思うようになりました。

――何に挑戦しましたか？

　まずはダンスのレベルを上げようと思ったんです。レッスン以外にも個人的にダンス教室に通ったりしてました。あとは、より虹コンに合わせたダンスを踊ろうと思って、ほかのメンバーにやり方を聞くようにしたんです。昔から人に頼るのが苦手だったので、それまでやってなかったのですが。

　はたから見たら些細なことですけど、私にとっては大きなことだったんです。

――グループのために、苦手なことも頑張ったんですね。

　でも結局克服できないままで(笑)。みんな優しいから、「もっと甘えていいんだよ」ってよく言ってくれます。もっとうまく甘えられるよう、頑張ります！

「何がなんでもアイドルにではなかった」

――ところで、虹コン結成7周年ですが、7年前にいまのご自身の姿を想像できていましたか？

　まったく想像できてませんでした。15歳だから、iDOL Streetのストリート生でアイドルを始めて1、2年めくらいで、まだ福岡にいましたね。人生何が起きるかわからない！　ってことは〝虹コン老人ホーム〟も夢じゃないかもですね。

――隈本さんがアイドルになった経緯を教えてください。

　初めて受けたオーディションはエイベックスさんで、アイドル部門じゃなくてアーティスト部門だったんです。じつはけっこういいところまで行っていたんですが、審査員の方が「アイドルに向いてる

**将来は虹コンの作曲を
やってみたいな**

んじゃない？」っておっしゃってくれて。そのとき「ああ、アイドルか。意外とアリかも」って思ったのが、最初のきっかけなんです。それで、次にアイドル部門のオーディションが開催されたときに、「スパガさんも好きだし、受けてみようかな」って思って、エントリーしました。すると審査員の方が、前に受けたアーティスト部門のオーディションのビデオをたまたま見てくださっていたようで。それが目に留まり、晴れてアイドルになることができたんです。

——小さいころからダンスなどを習っていたのは、アイドルになるためではなかったんですね。

そうですね。「将来は何がなんでもアイドルに！」って感じではありませんでした。劇団やモデル事務所に入ってたこともありました。ただ、姉がアイドル好きだったので、自然と日常でハロプロなどのアイドルソングを聴くことが多かったんです。すごく身近だったし、もちろん将来の選択肢のひとつにはありましたね。

——いまアイドル活動をやっ

ていくうえでの、モチベーションはなんですか？

ライブで「今日のパフォーマンスは自分的にうまくいったな！」って日に、ファンの方から「良かったよ！」とか言ってもらえると、すごく嬉しいですね。しみじみと「やってて良かったー」って思えます。「楽しかったよ」って言ってもらえるのがすごく好きなので、そのひと言がいちばんのモチベーションになってるかもしれないですね。

——メンバー同士でライブ中のパフォーマンスについてフィードバックすることはあるんですか？「今日のダンスキレてたね～」とか。

いやー、それはあまりないかも。あ、でもセリフパートを「むっちゃかわいかった、ヤバかった」って言ったりすることはありますね。あと、レコーディングのときも。虹コンって歌割りを決めるのは、オーディション形式なんです。まず一人ひとりが全パートを歌って、あとから歌割りが決まるので、レコーディングの音源が届くまで誰がどのパート担当かわからないという。それでいざ聴いてみて、すごく良かったときはメンバー全員で壮絶な褒め合いが始まります。「ここの歌い方むっちゃ好き！」とか。12人がLINEでやるので、通知がすごいことに（笑）。

——本当に仲がいいんですね。

そうですね。ストリート生時代は「新しいグループを作るために頑張ろう！そのために自分が目立たなきゃ」って感じで、みんながライバルみたいな空気感でした。もちろん虹コンでもみんながライバルであることに変わりはないんですが、「全員このグループで売れよう！　虹コンが良くなるためにどう頑張ればいいかな」っていう考え方に変わりました。個人プレーに走らず、チームプレーを意識するようになったんです。

——先ほどのもふくちゃんの「グループを俯瞰できる」という評価に繋がるんですね。個人の活動で印象的だったことはありますか？

'19年にNHK-FMさんで初めてピアノのお仕事をやらせていただいたときは、すごく嬉しかったですね。ずっと「ピアノやってます、特技です」って言い続けてて、初めて個人でいただけたお仕事だったので。

ファンの方もむちゃくちゃ喜んでくれたんです！　個人のお仕事ではないですが、'19年の虹コンのライブでもピアノを弾かせていただいたのがすごく嬉しくて、ファンの方も喜んでくれてたのを覚えています。

——やはりファンの方の応援は大きいんですね。

やっぱりアイドル活動をしていていちばん嬉しいのは、ファンの方が喜んでくれている姿を見ることなので。

——具体的に覚えている瞬間ってほかにありますか？

正規メンバーに昇格したときはすごく喜んでくれましたね。あとは、歌割りで、落ちサビやDメロの担当になったときですかね。

ずっと音楽関連の仕事をしていたい

——7年前の自分に声をかけるとしたら？

「続けてることは間違ってないから、安心してこのまま進んでいけばいいよ」ですかね。当時の経験は間違いなく生きているし、そのおかげでいまの私があるので。

——7年後の隈本さんを教えてください。

たぶん結婚はしていないと思います。独身貴族でこの世を終えると思うんです。一人の時間がとても大切なタイプなので（笑）。

ずっと音楽とともに生きてきたので、音楽関連の仕事をやっていたいですね。まだ怖くてスタッフさんには言ったことないんですけど、将来は虹コンの作曲とか。ここでサプライズ発表して、圧かけさせてください！ もちろん、虹コンが続いていたら、いつづけたいですね。個人的にはシンガー・ソングライターもやってみたいな。

——最後にファンやメンバー、スタッフにメッセージをお願いします。

ファンの皆さまには、「いつも応援してくれるから7周年を迎えられました。これからも一緒にいろんな思い出を作って楽しく過ごそうね。もっと大きなステージに立っている虹コンと、成長した隈本を見せられるように頑張り続けます。推して損はさせないぞ！」。

メンバー、関係者の方々には「いつも心配をかけがちだから、もうちょっと相談したり頼ったりするようにします。これからも一緒に過ごしていきたいです。家族だから。いつも大事。本当にいつもありがとうございます」。あ、これは今日直接伝えたほうがいいですね。

BATTLE TALK 5

バトルトーク｜王道アイドル虹コンに聞け！⑤

『世界の中心で虹を叫んだサマー』

振付大図解

'21年の夏曲は7年間の集大成、これまでの夏曲をセルフオマージュした振付になっている。サビの振付を大図解！

1

♪なんたってアイドルなんですっ
マイク持っちゃえば笑顔で

『限りなく冒険に近いサマー』から。「萌さんがライブで間違えてました（笑）。ほかの曲と混ざっちゃうんですよね」（大和）

2

♪なんたってアイドルなんですっ
愛を全力で

『THE☆有頂天サマー!!』から。「当時はこんなガニ股のダンスをするアイドルはいなかった。あらためて振り返ると新鮮です」（大和）

3

♪歌うのだーっ！

『ずっとサマーで恋してる』から。「サビでファンの方が頭の上に手でハートを作ってジャンプする、対バンで必須の曲です」（的場）

4

♪あなたに届くなら普通の
人生とか投げ出してもいい！
心の恋人でいさせて

『サマーとはキミと私なりっ!!』から。「みんなで動くのが楽しい」（大塚）。「コロナ禍が明けて客席も一緒に動いたら楽しそう！」（大和）

5

♪両想いだって
ずっと信じていたいから

『愛をこころにサマーと数えよ』から。「5周年の夏に出した曲で、夢だったZeppワンマンの1曲めに持ってきた曲でした」（的場）

6

♪繋ぎとめて太陽ぉーっ！
Na〜na〜7〜na〜na〜na〜

『キミは無邪気な夏の女王』から。「ラストの〝なななな〜〟って歌詞が新曲と似ています。つられて音程が混乱しがち」（的場）

7

♪Sukiだもんっ

「ここは新曲の新しい見せ場。ラストでは虹コンポーズをやった後に、〈Sukiだもんっ〉って歌詞とともにハートを作ってます。〝虹コンから虹コンメンバーに向けた歌詞〟って感じを表現してるのかな」（的場）。「虹コンが好き、で締めるのが良きですね」（大塚）

昔は週4でバイトして推しのために使っていました

桐乃みゆ

PROFILE

きりの・みゆ　'01年1月16日生まれ　埼玉県出身　'18年6月、アイドルグループ・WILL-O'に加入。'21年3月にグループを卒業後、翌4月に虹コンに新メンバーとして加入。趣味はプラモデル作り。公式Twitter(@miyu_kirino)、Instagram(@miyu_kirino)

'21年4月11日、ワンマンライブのステージに、新メンバーが立った。新加入の桐乃みゆは、自身もアイドルながら、じつは根っからのアイドルオタク。数々の現場に足繁く通うなか、あるグループのリリースイベントに足を運んだことで、大きく運命を変えることになった。

——小さいころに打ち込んでいたことはありますか？

小学校6年間はチアダンスをやっていました。これが人生で唯一長続きしたことで、週に3回練習があって辛かったけど、大会が楽しかったのでなんとか続けられました。練習では筋トレが多くて、立ちブリッジ、逆立ち1分とか、振り返ってみるとすごいことをやっていたなと思います。体が柔らかくないときれいな動きができないから、毎日家でも筋トレとストレッチを続けて。意識が高かったわけではなくて、お母さんや先生に怒られるのが怖くて続けていただけなんですけど（笑）。

地区の大会で上位になると全国大会に進んで、そこで優勝すると海外の大会に進める形式でした。私は約20人のグループのラージ部門によく出てました。全国大会には何度も進んだけど、海外の大会には全然届かないくらいの成績でした。自分でもけっこう頑張っていたなって思いますね。

——中学では、別の部活に入ったんですか？

学校の部活も経験してみたかったので、見学して楽しそうだったソフトテニス部に入りました。しかし部内のルールがとても厳しく、学校内ですれ違うときには挨拶をするというルールがあったのに、私はできてなかったことがあって、怒られたり、学校の外を10周走ったりして…。1年くらいで一緒に入った友達と辞めちゃいました。辞めたら内申が下がるよ、って先生から言われたけど、続けるのは辛かった。社会というか、集団の中の生き辛さを初めて感じた体験でした。

その後、ほかの部活には入らずに、塾に通い始めました。ちゃんと授業を受けているのに赤点を取っちゃうくらい勉強が苦手だったので。

——学校と塾以外の時間は何をしていたのでしょうか。

アイドルの番組とか動画を観ていたと思います。小4のころにAKB48さんの『ポニーテールとシュシュ』『ヘビーローテーション』がすごく流行っていて、MVを観ていたらいつの間にかアイドルが大好きになっていました。最初は高橋みなみさん、その次は大島優子さん…と、どんどん推しが増えていきました。その後も、ももいろクローバーZさん、私立恵比寿中学さんというように、どんどん好きなグループが増えていって。小中学生のうちはライブには行けなかったので、アイドルが出るテレビは全部録画をしたり、YouTubeで動画を観たりしていました。ずっとアイドルに憧れる気持ちはあったけど、なってみたいとかそういうことは恥ずかしくて誰にも言わなかったです。「アイドルになれると思ってるの？」って思われるのがちょっと。自分の意見を主張できるタイプでもなかったので、親にも言ったことがなかったですね。

――高校進学後はオタ活を謳歌していたのでしょうか？

スーパーのお惣菜屋さんで週4バイトして、バイト代は全部アイドルの握手会やライブ、リリースイベントに費やす日々でした。いちばん通っていたのは、NMB48の矢倉楓子ちゃん。ほかにも乃木坂46の西野七瀬ちゃんとか、いろいろな現場に行っていましたね。握手会に行く側の気持ちがわかるから、今後ファンの皆さんと会える時期が来たら、「私に会いに来て良かった」って思ってもらえるように接したいと思っています。

SKY STAGEは気持ち良くて最高

――アイドルになりたいと思ったのはいつごろですか？

高校1年生の終わりごろ、将来自分は何をやりたいのかを考え始めて。やっぱりアイドルが好きで憧れていたので、やってみたい。気持ちが固まったタイミングで見つけたのが=LOVEさんのオーディションでした。HKT48さんの番組も毎週欠かさず観ていましたし、指原さんがプロデュースされるグループなら間違いないって思いオーディションを受けました。書類の一次審査に通ったのですが、二次審査は会場に行かないといけなかったので、初めてお母さんに伝えると、すごく反対されちゃって。いろいろな理由を挙げて反対されたけど、こっちだって「何年悩んで言い出せなかったかわかってるの？」って感じだから、けっこうバチバチでしたね（笑）。

なんとか説得して会場に行ったら二次審査も通って、その次が最終審査。お母さんも「そんなに本気だったの」って認めて喜んでくれたのですが、最終審査に行ったらそこで落ちちゃったんです。自分でも驚くくらい悔しかった。チアダンスをやっていたときも悔しい思いをしてたけど、チーム戦の悔しさと、自分一人の悔しさは全然違いました。人生で初めて、めちゃくちゃ悔しかったんです。自分はこんなにアイドルになりたかったんだって気づいて、AKB48さんのドラフト3期生のオーディションを受けました。それが高2の秋だったのかな。

そろそろ進路を決めないといけない、アイドルは諦めな

いといけないかもって時期でした。一次審査は合格したけど、二次審査の日が修学旅行とかぶって、どちらかを選ばなきゃいけなくなりました。でも修学旅行って役割分担があって、私が行かないと大変な思いをする人がいると思うと、迷っちゃって。途中合流もできないルールだったので、結局修学旅行に行きました。

——自分よりもまわりを優先してしまう性格がわかるエピソードですね。

高3の4月になっていよいよ進路を決めないといけないけど、書類の希望進路に「アイドル」なんて書けない。そう思いながら閃光ロードショーさんとか、いろいろなアイドルのライブに通ってたんです。そのうちのひとつだったAlloy（桐乃が所属していたWILL-O'の前身グループ）のリリースイベントで、その場にいたマネージャーさんから「オーディションを受けませんか？」って声をかけられて。特典会に参加したあとだったので驚いたし、正直ちょっと怪しいと思って、悩んだし、お母さんにも相談しました（笑）。

でもアイドルになりたかったし、まだ高校生だったので最悪進学すればいいかという保険もあると思って、WILL-O'のメンバーになりました。初舞台はAKIBAカルチャーズ劇場だったんですけど、大きな声で名前を呼んでくれる人がたくさんいて、お披露目なのにこんなに応援してもらえるのかって驚きました。すごく嬉しかったのを覚えています。

——WILL-O'としての活動で、いちばん嬉しかったことは？

TOKYO IDOL FESTIVAL 2019に出たことです。=LOVEさんのお披露目はTIF 2017だったので、

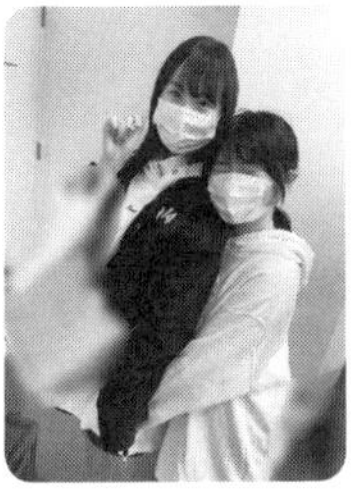

オーディションに落ちたあとにPCの画面越しにお披露目を見てすごく悔しい思いがあったからです。絶対にいつかTIFのステージに立ちたいって思っていたので、WILL-O'として叶ったのが嬉しかった。特にSKY STAGEはめちゃくちゃ気持ち良くて最高でした。

——そして約3年弱の活動の末、WILL-O'から卒業して、虹コンに加入することになりました。

自分もオタクだからわかるんですけど、アイドルオタクにはまだ経験がないアイドルを応援したいって気持ちがある方もいらっしゃると思うんです。だからほかのグループの経験がある私を応援してくれる人はいるのかな？って不安はありました。7年間やってきたグループだから曲数

も多くて、覚えられるのかなって心配もあったけど、メンバーのみんながイチから丁寧に教えてくれたので、すごく助けられました。

　ただ、虹コンはダンスでの顔の角度や体の向きをしっかり揃えるグループで、私は意識が足りてないと感じているので、早く追いつきたいです。

――メンバーになじめるか心配な気持ちはありましたか？

「受け入れてもらえるのかな」って不安もあったし、昔から人見知りで、学校でも話しかけられるのを待つタイプだったから、顔合わせの前はドキドキでした。しかもメンバーの皆さんは顔合わせをギリギリに知らされたらしいんですよ。急に「新メンバーとしてよろしくお願いします」って言われても、向こうもびっくりですよね（笑）。でも皆さん本当に温かくて、優しく迎え入れてくれたので、不安が吹き飛んで安心しました。

――4月のライブにてお披露目となりましたが、不安は解消されましたか？

　4月11日を迎えるまでは、強い不安と緊張が続いていたけど、いざライブが始まったら会場の皆さんがすごく温かくて、「入ってくれてありがとう」「これから応援するよ」「頑張ろうね」って伝わってきて、すごく安心したし、本当に嬉しかったです。もちろんいろいろな意見があると思うけど、皆さんのおかげで不安はなくなりました。

――虹コンといえば水着の夏曲が定番です。WILL-O'の衣装は露出が控えめだったので、水着を着ることへの不安はなかったですか？

　WILL-O'の衣装はスカートも長いし、唯一おなかが少し出るくらいだったから、人生で肌を大きく露出したことがなかったんです。虹コンでは水着があるのを知っていたので、加入前にもふくさんに相談しました。「水着、着たことないので不安です」って。そしたら「ビキニを着るって決まりはないから大丈夫」って言っていただいたので安心して。スタイルが良かったらグラビアもやりたいですけど、出せるものがないので…っていうのが、いまの正直な気持ちです。

虹コンのすごさは多くの人に伝わるべき！

――加入からこれまででいちばん嬉しかったことは？

　オサレカンパニーさんの衣装を着れたこと！　7周年の衣装を作っていただいたのですが、ずっと大好きな48グループさんの衣装を担当なさっている方たちのデザインを自分も着れるなんて…。衣装の図鑑も持っててよく眺めていたので、本当に感動しました。

――特に好きな衣装は？

INTERVIEW
MIYU KIRINO

活動のモチベーションは歌って踊ることが好きという気持ち

NMB48さんの『らしくない』って曲の衣装です。

――虹コンに加入して、自分のここを見てほしいと思うポイントはどこですか？

…あんまり目立ちたいって思うタイプじゃなくて、グループのなかでも「私が私が」

って思ったこともないんですよ。

——では、日々活動を頑張るモチベーションはどこから湧いてくるのでしょうか。

歌って踊ることが好きって気持ちかな。最初はなんにもできなかったところから、だんだん「今日は少し調子良かった」「好きな感じに歌えた、踊れた」って感じる瞬間の達成感が楽しいです。それを、ファンの人から「今日すごく良かった」って言ってもらえると、気づいてくれているんだって嬉しくなる。やってて良かったたって気持ちになりますね。

——加入前、虹コンを外から見ていたときはどんな印象を持っていましたか？

生歌のグループが大好きで、虹コンはしっかり歌いながら踊りもクオリティが高い。全力で頑張ってる感が伝わるパフォーマンスだと思ってたので、もっともっと多くの人にそのすごさが伝わるべき！　って思っていたんです。その良さを伸ばして、もっとたくさんの人に虹コンを知ってもらいたいなって思っています。

——今年は虹コン7周年ですが、いまから7年後、どんな自分になっていると想像しますか？

東京で一人暮らしして、猫を飼いたいです。いまは埼玉県の実家で猫を飼っているのですが、一人で猫を飼うのが夢なんです。家に帰ると、自分だけに懐いている猫が出迎えてくれる。猫がいるから頑張れる…みたいな生活がしたい。猫のために生きたいです（笑）。

——芸能活動は続けていますか？

やっていたい気持ちもあるのですが、美容関係のお仕事にも興味があるので、美容部員をやったりコスメの会社に入ったりするのもいいかも。芸能人やYouTuberの方がコスメのプロデュースをされているのを見て、私もいつかやってみたいなって思いますね。

大塚望由

帰る場所は虹コンじゃないとダメだった

PROFILE

おおつか・みゆ　'00年12月20日生まれ　ドイツ出身　'15年に虹コンに加入、'17年に卒業。'21年4月に復帰を果たす。趣味は絵を描くこと、ものまね。公式Twitter（@otsuka__miyu）、Instagram（@otsuka__miyu）

'21年4月、アイドル業界でも珍しい〝電撃復帰〟を果たした大塚望由。'17年に虹コンを卒業したのち、何不自由なく普通に学校に通う日々を送るなか、アルバイトを通じて過去に応援し支えてくれた人たちに感謝の気持ちを抱いたという。そして、虹コンのメンバーたちと過ごした日々が忘れられなかった…。人生というパズルのピースが欠けたままもがいていたが、最後のピースは「虹コンに戻りたい」という気持ちだったと気づく。約4年の時を経て新メンバーとして再加入した彼女に、卒業後の暮らしや加入後の気持ち、今後の目標について語ってもらった。

――まず、'17年に虹コンを卒業したあとは何をしていたんでしょうか？

当時は高2で、地元に戻って普通に学校に通ってました。何不自由なく暮らして、かといって何か楽しいことがあるわけでもなく。ただぼんやり時間が過ぎていく毎日を変えたくて、1年くらいたったころから、いくつかオーディションに応募したことがありました。絶対にまたアイドルをやりたいってわけじゃなくて、空虚な毎日を変えたいって気持ちで受けたら、全部書類落ちでした。

そこからしばらくは大学に通いながらコンカフェでバイトをしてたんですけど、虹コンのときに応援してくれてた方たちがお客さんとして来てたんです。友達みたいに話すようになって、みんなが虹コンの話をたくさんするから、懐かしくなっちゃって。「望由ちゃんに出会えたことで変われた」とか、すごいことを書いた手紙をくれた方もいて、いろんな方に支えてもらってたんだってことにあらためて気づいたんです。本当に遅すぎるけど。

時給1000円のバイトで気づいたこと

――アルバイトを経験したことで、ファンがどれだけお金をかけてくれていたのか、実感したのではないですか？

お金と時間の大切さを実感しましたね。バイトが時給1000円だったから、私が5時間働いてようやく虹コンの2ショットチェキが撮れるのか…って思いました（笑）。昔から応援してくださる方たちのことをありがたいと思ってたけど、自信がなくなって、自分には価値がないって思い込んでたときは、ファンの方のことをあんまり近くに感じられてなかったというか。でも応援してくれてた方たちと、「アイドルとファン」じゃなくて「人と人」として会ったことで、ファンの方たちって本当にいたんだって感じたんですよ。皆さんにも生活があ

るなかでライブを観に来てくれて、「望由ちゃんを見たら元気が出た」って言ってくれる。一人ひとりの存在がくっきりと見えたことで、応援してくれる方たち、支えてくれるまわりの方たちへの感謝が本当に足りなかった、傲慢だったってあらためて思いました。

　いろんなことを思い出すなかで、自分では蓋をしてたけどずっと未練があったんだって気づいた。虹コンのメンバーたちと過ごす時間が大好きだったし、虹コンじゃないとダメだって思ってたときに新メンバーのオーディションがあったので、思い切って応募しました。たまたまオーディションがあって良かったです。それがなかったら、たぶん踏み出せなかったと思います。自分から辞めて迷惑をかけてたから。

——ブログでは人生をパズルにたとえていましたよね。

　恥ずかしい。人生がパズルだとしたら、うまくハマるピースが見つからない日が続いてる気がして、虹コンに帰ることが最後のピースなんだって気づいたんです。

——昔を振り返ってみて、当時はどんな理由で卒業を決めたんですか？

　小学生のころからももクロさん、エビ中さんが大好きで、よくマネをしていたんです。その延長で、中1のときアイドルになったので、ライブをして、帰り道にメンバーとご飯を食べて、毎日がただただ楽しいだけだったんですよ。学校に友達がいなかったので、私の青春は虹コンだった。でも、ダンスも歌も得意じゃなくて、みんなに置いていかれてるなかで、自分は中途半端なのかなって悩んでいました。まわりと比べて実力とモチベーションが足りないのに、これからメジャーデビューという時期に、足を引っ張ってしまう…って悩んでいたら、体調が悪くなっちゃったんです。これ以上は続けられないと卒業を決めました。

——自分から卒業を決めただけに、また戻るにあたって、周囲からどう思われるか、不安はなかったですか。

　めちゃくちゃ怖かったです。いま虹コンを応援してる人たちは、私のことを知らない人がほとんどだと思うから。メンバーや大人の方たちにも、もちろん良くは思われてない前提で覚悟を決めて戻ったら、皆さん優しく迎えてくれて、本当に嬉しかったです。メンバーも「久しぶり～」って意外と普通で、時が戻ったみたいに接してくれました。一緒に加入した桐乃さんもちょっと似た境遇だったので、お互いに「早く追いつけるように頑張ろうね」ってすぐ打ち解けられたのも良かったです。

――オーディションを受ける前、メンバーには相談したんですか？

明桜ちゃんとはよく連絡してたので、オーディションに応募したことを伝えたら、特に驚くわけでもなく「そんな気がしてた。私はいいと思うよ」って言われて、ホッとしました。

――卒業から4年間で、虹コンは変わったと思いますか？

すごく変わったと思います。歌もダンスもキビキビしてて、私だけ取り残されてる感じがあります。私が入ったことで、虹コンが変わったって思って

もらわないといけないのに、まずは追いつかないといけないから、大変です。

——今年4月11日のライブで"新メンバー"としてお披露目されましたが、客席の反応をどう感じましたか？

　ステージの幕が上がって初めて私たちの存在をファンの皆さんが知るっていう感じだったので、ライブ前は不安と緊張でいっぱいでした。メンバーたちが「頑張ろうね」ってハグしてくれたからなんとか頑張れたけど。幕が上がったあと、客席の皆さんがすごい拍手を送ってくれて。再加入を肯定的に受け止めてもらえるとは思ってなかったから、本当にびっくりしました。ライブ中は間違えないように夢中で何も考えなかったけど、終わったあとにSNSを見ていたら、最近は虹コンを観てなかったけど、私の存在をきっかけにまた虹コンに通うことにしたって方もいたんです。すごくありがたいし、今度こそ、皆さんへの感謝を、活動を通じて返していきたいと思ってます。

——昔のことを含めて聞きますが、虹コンの活動でいちばん嬉しかった瞬間を教えてください。

　'17年、クラブチッタのワンマンライブでメジャーデビューの発表があったんですけど、同時に明桜ちゃんが赤組のメンバーになることが発表されたんです。その瞬間がいちばん嬉しかったかな。当時、明桜ちゃんは私と同期なのに、3期生以降のメンバーたちと青組にいました。それまでずっと一緒に頑張ってきたのに、あるときから急に別々になって、私たち赤組は「なんで？」って思ってた。赤組のみんなで話し合って、当時のプロデューサーさんに直談判して、調整してもらった結果、ライブで発表されて、めちゃくちゃ嬉しくてみんなで号泣しました。

——では、いちばん辛かった瞬間は？

　辞める少し前だったと思うんですけど、ファンクラブ限定のライブで、新曲の振付が全然覚えられなかったとき。ダンスは昔もいまもずっと苦手で、そのときは振付を覚えられないままステージに上がって、まったく踊れなくてタジタジでした。結局、ステージ上で泣いて、脱走して。動物みたいですね（笑）。トイレの中に閉じこもって2時間くらい出なかったっていう。

　その日は2部制で、脱走したのが昼の部。夜の部に向けて着替えないといけないのに、トイレに閉じこもってたから、明桜ちゃんが介護みたいに私を着替えさせてくれて、そのあともずーん…って落ち込んでました。当時は高校生だったから進路の悩みも重なっていろいろと悩んでいた時期で、もふくさんがあやしてくれたのを覚えてます。いまとなっては笑って話せるけど、社会的責任が身についてなかった

なって反省です。

――そんな辛い時期も支えてくれたファンたちの存在を特にありがたいと感じたのはどんなときですか？

　辞める直前の時期は、まわりから見てもヤバいのがわかるくらい落ち込んでて。そういうときって、悪い意見ばっかり目に入って、まわりが敵ばっかりに見えてたんですよ。自己否定モードに入ってたところをファンの皆さんが見抜いて、「望由ちゃんのいいところをたくさん書こう」って企画をしてくれたんです。大勢の方が私のいいところを箇条書きにした手紙を書いてくれて、それをまとめたすごく分厚いものをくださって。すごく細かく書いてくれてて、正直、本当に嬉しかった。よく見てくれてるんだなって思いました。手紙はいまも何度でも読み返すし。私はエゴサしないから、リプライや手紙はすごくありがたいです。

虹コンに違う色を足す存在に

――これまでの経験を踏まえて、これから頑張ろうと思うことはありますか？

　虹コンに入る前は、アイドルってかわいく歌って踊ることを、たやすくやってると思ってたけど、当事者になったらすごく大変でした。

　日によって落ち込むこともあるのに、いつでも笑顔でいるってすごく大変。最低限のことだけど、私はまずそこからしっかりしないといけないと思ってます。一度辞める前は、ありのままでいるのがアイドルだと思ってて、そこまで取り繕うこともなかったんですけど、それだとファンの皆さんが悲しむっていうことを学習しました。私が悲しいと、ファンのみんなも悲しい。いまはすべてを見せればいいわけじゃないって思ってます。

――だからこそ、尊敬するメンバーは的場さんなのですね。

　華鈴先輩は昔からめちゃくちゃ尊敬してます。私の理想のアイドル像はいつも元気！って感じなんですけど、華鈴先輩はまさにそれ。むすっとした顔を一瞬も見せないし、ダンスもめちゃくちゃうまくて、ずっと憧れです。華鈴先輩も落ち込んでるのがわかる時期があったけど、ステージではいつでも笑顔。ファンの方たちには見せないから、すごいなって思います。

――虹コン7周年という節目を迎えて、夏のツアーを終えたあとはどんなふうに過ごしていきたいですか？

　腹筋が足りなくてみんなに迷惑をかけてるので、とりあえず、腹筋をつけたいです。片脚で立つ振付のとき、いつも一人だけ地震みたいにぐらぐら揺れて、わ――ってなっちゃうから、直したい。ダンスが壊滅的なので、体幹を鍛えたら解決するのかなって思ってます。

――グループ全体については

いかがですか。大塚さんが入ったことでどんな色を足せると考えていますか?

YouTubeで『世界の中心で虹を叫んだサマー』のMVのコメント欄を見てたら、「大塚望由が入ったことで、つくドル!時代の色が戻ってきた気がする」って言葉がありました。

いまはパフォーマンスも洗練されてて、ずっと続けてきたメンバーの築き上げた色がある。そこに私が入って、質を下げないように頑張りつつ、ちょっと違う色を出せたらいいのかなと。いま応援してくれる方たちに加えて「虹コンを観たことなかったけど、おもしろいじゃん」って、新しく観に来てくれる人が増えるように、ちょっとでもいい方向に変えられたらいいなって思います。

——では最後に、いまから7年後はどんな自分になっていたいですか?

28歳か…7年後も地球は続いてるんですかね。

想像つかないけど、最低限、自分一人で生きていけるようにはなってたいです。私、洗濯機も一人で回せなくて、わからないことだらけなんです。洗濯と料理くらいは一人でできるようになりたいですね。料理は最近オムライスから挑戦してるんですけど…3時間くらいかかっちゃいます。仕事はどうだろう、もし虹コンの活動が終わってたら、芸能活動はしていないと思います。何か別の仕事をしながら幸せに暮らせてたらいいですね。

——やってみたい仕事はありますか?

小学校のころに漫画家になりたかったので、なってみたい気持ちはあります。『ギャグマンガ日和』とか『ONE PIECE』『NARUTO』が大好きでした。もし挑戦するなら、アイドルを辞めたあとに名前を変えてやりたい。ファンの方に見てもらうんじゃなくて、普通におもしろくて売れるのを目指したいなって思います。

留年もパンツ事件も ここだから話せた！

ここでは毎週火曜に生放送の『虹コンの征服ちゅうずでぃ』（FM FUJI）のスタジオに密着。放送前にお邪魔すると、4人で出演のはずが…。

的場　すみません！　しみちゃんが遅刻してまして。

蛭田　遅刻しすぎて1回1000円の罰金取られてたときもあったよね。

――なるほど（笑）。まずはラジオの楽しさからお聞きします。

岡田　人間の本心、中身がダイレクトに届いちゃう場所だと思います。素の自分が完全に暴かれた気がする。

的場　SNSより自分の気持ちを深く伝えられる場として、特に自粛期間中は本当にありがたいと感じました。
蛭田　ラジオ好きな方がたまたま虹コンを見つけてくださる機会にもなって、楽しい。
――ほかのアイドルは言わないことも言っちゃうとか。
的場　しみちゃんが駅でパンツを落とした話と、脇汗の話、ほぼ毎週してる気がする。
蛭田　お金の話も。給料日前なので財布にはこれだけしか入ってないとか、普通聞く？
岡田　的場さんが留年したのもここで発表してたし。虹コンの楽屋トークがほぼそのまま流れてる感じです。
（※ここで清水が合流）
清水　すみません…!!
岡田　お、来た。キミは無邪気な遅刻女王。
的場　こうやって新たなネタを生み続ける人がいるので、ネタに事欠かないんです。去年からは一人3分話すコーナーが始まったので、話がおもしろいアイドルになりたい！
清水　やらかしネタ以外も、話せるようになりたい…。
蛭田　私は頭で考えてすぐ口に出せないから、家で文章を書いてから持ってきています。
岡田　愛梨ちゃんがフリートークで覚醒したときもあったよね。今後はさらに期待！

『GIRLS♥GIRLS♥GIRLS =FULL BOOST= 虹コンの征服ちゅうずでぃ』は毎週火曜日20時～ FM FUJIで生放送中

スタッフが感心した メンバーの助け合い

番組スタッフに聞いた。
「的場さんが話してるときに岡田さんが時間を見て『ということで…』って話題を変えたり、メンバー同士の助け合いが上手ですね」（放送作家の髙木祐多氏・右）
「学生時代の恥ずかしい黒歴史など〝中二病〟的な企画で跳ねることが多いです。普通、アイドルがパンツやお金の話、しないですから（笑）」（ディレクターの佐々木健治氏・左）
「ネタがあっても譲り合うことが多いので、今後は個人のフリートークを磨いてほしいと思っています」（髙木氏）

的場華鈴

リーダーとして
ちょっと大人になりました

PROFILE

まとば・かりん　'00年12月30日生まれ　埼玉県出身　初期メンバーで、虹コンのリーダー。特技はダンスで、虹コンの曲の振付を担当することもある。公式Twitter（@matoba_karin）、Instagram（@matoba_karin）

いつも笑顔で世界を照らす〝虹コンの太陽〟的場華鈴。振付師として虹コンや同じ事務所のグループを担当しながら、虹コンのリーダーとしてグループを引っ張ってきた。大人との話し合いやライブでのMC、レッスンの仕切りと、率先してまとめ役を務めてきたのだが、昨年末、リーダーシップに関して、大きな気づきがあったという。彼女がたどり着いた〝新しいリーダー像〟とグループの未来とは。

――メンバーからは「落ち込んだ顔を絶対に見せない」といわれています。本書の撮影でも肌寒いなか水着姿で「全然寒くないです！」と笑顔で答えていました。昔からそういう性格ですか？

虹コンに入ったころはツインテールにしてキャッチフレーズは「虹コンの天使」。静かにニコニコしてたから、今とは全然違うタイプだったと思います。でも、自分には特徴的なキャラがないなって思ったことがあって、同時に、虹コンには元気で明るいキャラがいないと感じた瞬間がありました。グループにそういうキャラがいたほうがいいんじゃないか、じゃあ私がやろうって思ったのかな。とにかく元気で笑顔でいればそれが役割になる。こうすればいいって役割があると、私にとっては楽なのかもしれないです。

――無理をして笑顔でいるわけではないんですよね？

そうですね。素の自分もこんな感じだとは思うんですけど、こうすれば不正解ではないって決まったときに、居場所が見つかった感じがあったんです。道しるべがないと、よくわかんなくなっちゃうタイプなのかもしれないです。

――小1から中1まで続けていたというダンスは、どんなきっかけで始めたんですか？

じつはダンスは自分の意思で始めたわけじゃないんです。母の勧めで子役をやってたころ、舞台『アニー』に出るためには、タップかジャズダンスを習わなきゃってことで行き始めて。最初は嫌々やってたけど、褒められると調子に乗って、だんだん楽しくなっていったので続けられました。

――親や先生の言うことをよく聞くタイプだったんでしょうか？

私、反抗期になったことがないんですよ。学校でも、いい学校に行きたいって目標があるわけでもないのに、勉強をめちゃめちゃ頑張って、学年での順位が高くなかったら泣いちゃうって感じでした。

――アイドルを好きになったきっかけは？

幼稚園のころ、アニメ『きらりん☆レボリューション』とドラマ『がきんちょ～リターン・キッズ～』が大好きで、アイドルになりたいと思うようになりました。幼稚園の職員室の前に、勝手にステージを作って、トイレットペーパーの芯をマイクにして、一人で歌って踊ってたらしいんです（笑）。見かねた先生が、お遊戯会でアイドル役をやらせてくれました。すぐにでもアイドルになりたかったけど、オーディションを受けられるのは12歳からだから、それまでは観る側として楽しんでましたね。小学生になってからもAKB48さんに憧れて、自分も早くアイドルになりたいな～と思って観てました。

――ダンスはお母さんの勧めだけど、アイドルは自分の意思で選んだと。

　そうなんです。中1になってAKB48さんのチーム8、ドラフト1期生を受けたけど、書類落ち。そのほかにもいくつか受けたけど落ちすぎてグレちゃって、もういいよ～って思ってたとき、ママが「これに落ちたら最後だから」って教えてくれたのが、虹コンのオーディションでした。合格を知ったのはママからのサプライズで、中学から帰ってきて、リビングのドアを開けた瞬間、飾りつけされた部屋の大きい紙に「つくドルおめでとう！」って書いてあって、崩れ落ちました。

――憧れのアイドルになって、どんな気持ちでしたか？

　お披露目はTOKYO IDOL FESTIVAL 2014のSMILE GARDENでした。こんな大きいステージに立てて、ヒャダインさんのオリジナル曲、竹中夏海先生の振付、岸田メル先生の衣装…って恵まれまくってて、夢が全部かなったような気持ち。トイレットペーパーの芯を持ってた少女が、ようやく本物のマイクを持って、客席には私たちのTシャツを着てくれてる人もいて、ブロマイドもできて…。なんだこの夢のような状況は！　って感じでした。ライブ中に客席に手を振るのに憧れてたから、お披露目のステージで思いっきり手を振ったら見事に振りを飛ばしました（笑）。

　正直、最初のうちはアイドルになる夢がかなって満足しちゃった部分もありました。まだ中2だったので、1年くらいは何も考えず夢見心地だったと思います。

――でもその後、ずっと順風満帆だったわけではないんですよね？

　めちゃくちゃに悩みまくっていた時期もありましたね。O-WESTのワンマンで『↓エイリアンガール・イン・ニューヨーク↑』をお披露目したとき、せっかくオーディションでいいパートを勝ち取ってたのに、リハで「的場はマイク持てないよ」って言われたことがあって。メンバー数とステージの規模的に、4、5人はマイクを持てない時期だったんです。私の歌割りをほかのメンバーが歌っ

てるのを見て、「私、もう要らないってことなのかしら?」って思っちゃいました。

当時は7人がメインで、ほかのメンバーはそのまわりで踊る感じのフォーメーションでした。私はずっと7人のほうだったのに、端のポジションになった。もともと端のポジションで頑張ってるメンバーがいるんだから、自分も頑張ろうと思ったけど、やっぱり辛かった。ファンの皆さんにも泣いてるところを見られて、心配させてしまって、いちばん苦しい時期でしたね。

――浮上の兆しはいつごろ訪れたんですか?

『限りなく冒険に近いサマー』では、ノドを壊して歌割りがラップパートだけになっちゃって。自己管理不足だし、落ち込んでるヒマはないのでは…って気づいたんですよね。

何か変えなきゃと思って、髪をバッサリ切りました。私の中で「ショート=元気」ってイメージなので。同じタイミングで、リーダー就任が決まった。あとなぜかメンバーの前で変顔ができるようになって、いろんなことが恥ずかしくなくなったんです。振り返ってみると、いろんな変化が同じ時期に重なってますね。きっと、もがいてた時期だったんだと思います。

大泣きして気づいたリーダー像

――正式にリーダー就任が決まる前から、リーダーっぽい動きはしていたんですよね?

初代リーダーが卒業したタイミングで、定期公演のリハーサルを誰かが回さないとってなったとき、スタッフさんから急に「なんで的場がやらないの?」って言われたんです。「虹コンの天使です」ってやってた時期で、年も下から2番め。そんなキャラじゃないけど、言われたことはしっかりやるタイプなので、ぬるっとリーダーっぽい方向に進み始めました。でも、なかなか正式にリーダーという役職をもらえなかったので、損してる気持ちになって苦しかった。まわりより明らかにやることが多いのに、これに名前をつけてくれないかなって思ってましたね。自分のプライドを守りたい気持ちがあったのかも。メジャーデビュー発表のタイミングで、当時のプロデューサーに「リーダーって名前をつけてもらえないですか?」って聞いても、「まだ早い」って言われて、ええ??!! ってなって、'18年のライブでリーダー就任が決まって、ようやくか…って思いました。応援してくれてるみんなも喜んで

くれて嬉しかったです。

——もふくちゃんの話によると、昨年、的場さんがリーダーとして大きく変わったそうですが、自覚はありますか？

ありますね。去年末に10カ月ぶりのワンマンライブがあったんですけど、自分を追い詰めすぎて号泣しちゃったんです。リハでわちゃわちゃしてて話を聞いてないメンバーがいたり、思うように進まないことに耐えられなくなって、意味がわからないくらい泣いちゃって。久しぶりにファンのみんなに会えるのが楽しみなのに、心臓をぎゅっとされるような気持ちになってた。それからしばらくメンバーと一緒にいるのが辛い時期があって、もふくさんとYumiko先生に、それぞれ話を聞いてもらいました。そこで、「的場がリーダーである必要はないんじゃない？　辛いなら辞めてもいいのに、なんでそんなにリーダーがやりたいの？」って言われたときに、はっとしたんです。確かにリーダーって名前があると、外に出たときも役割があって便利なんです。役割に固執してたのかなって気づいたとき、何かが吹っ切れて、リーダーって、ただ決まったとおりに進行するだけの役割じゃないなって思い始めたんです。

そこからは、いろいろと変えてみるようにしました。たとえば、いままでずっと私が担当してたMCを、今年4月のワンマンではほかのメンバーにやってもらったら、それはそれでおもしろかったんです。進行ってちゃんとしなきゃって思ってたけど、MCはちゃめちゃでまわりが進めていく形も意外とおもしろい。こっちのほうが虹コンっぽいじゃんって思ったんですね。寸劇もやったんですけど、これもすごく虹コンっぽい。みんなの良さがどんどん出ていて、私がみんなの成長に蓋をしてたのかなって気づきました。

セットリストを決めるときも、私と大人の会議から始めてたけど、いまは頭からメンバーと一緒に会議をするようにしました。いままではなんでも型にはめようとしてたけど、いまはおもしろければなんでもいいじゃん！って気持ちになってます。ミーユたちが入るって聞いたときも、昔の自分だったらちょっと抵抗があったはず。でも今回加入を聞いたときは、おもしろくなりそうだな、いいじゃんって思えたんです。

8年めからは流れに身をまかせてみたい

メンバーとも、いままで以上にしっかり話し合うようにしました。メンバーのことを全然わかってなかったのかもって思うことも多いです。たとえば、チャンチャンとしっかり話す機会があって、じつはすごく負けず嫌いさんだって初めて知りました。悔しいと思ってること、もっと頑張

INTERVIEW
KARIN MATOBA

ファンの方が喜んでくれた武道館という目標をかなえたい

ろうと思ってること。聞いたらしっかりと語ってくれて。あんまり気持ちを言葉にしないタイプだったから、ああ、もっと私から知ろうとするべきだったって思ったりして。虹コンって、しみことだぁちゃんを除いて、気持ちを出さない人のほうが多いから。これから虹コンが変わっていくかもしれないタイミングで変われたのは、良かったって思います。

――この本が出るころにはファイナルを迎えていますが、今夏のツアーに向けた話し合いはうまくいきましたか?

1回めの会議で、意見が大きく2つに分かれたんです。ここが私の変わりどきだって思うんです。2つのどちらか、また違う案になるかもしれませんが、私は自分の意見を出しすぎずに、みんなの意見を聞きたいなって思ってます。そうしたら、思わぬ方向に行って楽しいことが多いから。少しだけ大人になれたかな。

——皆さんに7周年以降はどんな虹コンにしていきたいかを聞いています。

いままでの、こうするべきって型にはめる考えを捨てようと思ってます。もちろん何も考えないわけじゃないけど、あえて流れに身をまかせてみるのもアリなのかなって。ただZepp Tokyoで初めてワンマンをやったとき、「次の目標は武道館です」って宣言して、ファンの皆さんがすっごい歓声をくれたんです。本当に心強いなって思ったし、みんなと一緒にこの目標をなんとかかなえたいです。

——ファンの存在が大きな支えになっているんですね。

いつもすごく支えてもらって、感謝しかないです。特に去年ソロ写真集を発売したときは、予想以上の人たちが応援してくれて、驚きましたね。埼玉にある的場を激推しの店にみんなで通ってくれたり、「チェキの在庫まだあるよ」って教え合ってくれたり、ネットワークがすごいんです。あらためて、こんなに好きでいてくれてる人たちがいるんだって実感できました。

——最後に、7年後はどんなふうに過ごしていたいと思いますか?

虹コンが爆売れして、27歳でも活動できてたらいちばんいいんですけど…。何も考えないと、このままずっとアイドルでいたいって思っちゃうので、いろんな可能性を視野に入れないとダメだなって考え始めたところです。芸能じゃなかったら、飛行機が大好きなのでCAさんになりたいけど、身長が足りないかも。振付も好きだけど、裏方をやってると表に出たい気持ちになっちゃいそうで、絶賛悩み中です。

Q. 虹コンでいちばん尊敬するメンバーは誰ですか？

全員

みんなそれぞれのフィールドで考え方で
がんばってアイドルしてるのがえらすぎる

毎回「この子のここが良いな」「尊敬できるな」が見つかるグループです!! スバラ…

根本凪

Q. 思い出に残っているライブを教えてください

『もしもこの世界が晴れたら目の前に君が笑顔で立っているの』
この御時世の中、振り返った時に飛び込んできたみんなの姿と
ライブタイトルにもなっているこの歌詞がリンクして涙が出てきました

鶴見萌

Q. 虹コンでいちばん好きな楽曲はなんですか？

ぼくらのターン☆☆

念願の虹コンでアンソン!!!

清水理子

Q. 思い出に残っているライブを教えてください

2018年1月7日のワンマンライブです.
私の大好きな先輩が卒業して「心臓にメロディー」という曲をおひろめしました.
その曲はアイドル人生初のおちサビをうたっていて.きんちょうと.決意を込めて
うたったのですごく思い出に残ってます.あと.今までの思い出もうかべながら.
うたいました.

大和明桜

Q. 思い出に残っているライブを教えてください

名古屋のヴィレッジヴァンガードでした、ソロイベントです
メンバーがみにきてくれて、私の歌で泣いてくれて
歌が大好きになった思い出です。

大塚望由

Q. 虹コン加入から今までで、いちばん嬉しかったことはなんですか？

虹コンに加入できたこと☆
これから嬉しい!と思うことでたくさんにしていきたいです。

桐乃みゆ

「育ての母」クロストーク

虹コン生みの親
もふくちゃん（福嶋麻衣子）

東京都出身　東京藝術大学音楽学部卒　'07年、秋葉原でライブ&バー「秋葉原ディアステージ」をオープンし、でんぱ組.incを立ち上げる。'14年、虹のコンキスタドールの企画をpixivに持ち込み、ユニットのスタート時からいままで変わらずマネジメント、クリエイションに携わる

虹コンは、私がずっとやりたかった王道アイドルの姿です

振付演出家
Yumiko先生

プロダンサー、アーティストとしてフランスで活動後、'10年に帰国。本格的に振付演出家としての活動を始める。ゆずをはじめとした多くのアーティストのステージやMV、テレビ番組で振付演出を手がける

「ステージに立ったときにいちばんいい顔をしてもらう」ことを意識しています

でんぱ組.incを武道館まで導いた生みの親のもふくちゃんが、'14年から新たに仕掛けたのが虹のコンキスタドールだった。「赤ちゃんを育ててるみたいだった」という、グループの創成期から現在までの7年を、メジャーデビュー前夜からプロジェクトに合流した振付・演出のYumiko先生とともに振り返ってもらった。

もふくちゃん（以下、も）　最初のころは、でんぱ組ではできなかったことをやりたいと思ってたんです。

Yumiko先生（以下、Y）　虹コンができた当初、「王道をやりたい！」って言ってたね。

も　そう！　自分では王道だ

と思ってたけど、太陽とシスコムーンやメロン記念日を参考曲に挙げてて、素晴らしくて大好きなんだけど、振り返るとそっちは王道じゃないよ！　っていう。

とはいえ、メディア露出型のアイドルではなく、いいパフォーマンスをするグループに育てたいと思ってたのは、いまと変わらないかな。

Y　私が強く意識してるのは、「ステージに出たときにいちばんいい顔をしてもらう」こと。舞台上ではすべてが顔に出るから、嘘をついちゃだめなんです。女の娘って、心の中にひとつでもお天道様に見せられないことを秘めた瞬間、顔が変わるから。

も　すぐわかるよね。「親とマネージャーに言えないことだけはしない。そういうことをやりたくなったら辞めよう」ってよく言うんです。

Y　観る人の目は騙せない。日々のコミュニケーションの空気感って絶対にじみ出るものだから、いいコミュニケーションをとれるチームを作ることを最も大切にしてます。

も　でんぱ組と虹コンのメンバーを選ぶときに共通するのが、いまの水に合うかどうかを大事にすること。パフォーマンスじゃなくて、話したときの感じや性格と親和性で選びます。

――続いて、楽曲やダンスなどの特徴はいかがでしょうか。

も　最近は「虹コンのソナタ形式」が確立できたんです。Aメロ、Bメロが来てサビが来て、Dがあって、アウトロ。来るか、来るか、Dが来たー！　アウトロまで！　って高まりを意識してます。クラシックをやってきたから形式を大事にしたいし、形式があるからこそ壊せるんですよ。

Y　振付に関しては、私はもともと、アイドルに興味がなかったから、ほかのグループのキャッチーなときめく瞬間を解析・抽象化して、それをメンバーたちに具体化してもらっています。

も　振付をお願いすると曲のリズムをきれいに取る人が多いんですけど、Ｙｕｍｉｋｏ先生はあえてリズムを無視して動く瞬間を作ったりするんです。これは音楽を詳しくやってる人間にとって最高に気持ちよくて、そこからまた急にぱっとハマった動きをしたときのグループ感とかも素晴らしい。いつもドキッとする瞬間を作ってくれますね。『ずっとサマーで恋してる』の〈ＳＵＫＩで　ＳＵＫＩで　ＳＵＫＩすぎるから〉は、大サビでいちばん盛り上がるのにリズム取らない！　みたいな。

Y　だって「好き」って連呼するときの衝動があれば、絶対に音に乗ってられないじゃないですか。あれは昔のスパリゾートハワイアンズのCMで、子供が「連れてって！」って騒いでる衝動がモデル。すごい衝動に駆られたときのうわ!?　っていうパッションを具体化したときに、リズム

「育ての母」が語る、メンバーの素顔

根本凪

㋲15歳のころからずっと、物事を自分の言葉で考えている娘。そしてメンバーでいちばん優しいです。最近は「大事なものを守るために闘う」と、優しさの質が変わってきました。

Ⓨでんぱ組と兼任で、いつもすごく闘っています。状況が苦しくても最善を探すための努力を怠らず、同時に彼女の瞳みたいに驚くほど澄んだ心で物事と対峙する、奇跡みたいな人。

鶴見萌

㋲育ちがよくて、素直で、人に言われたことを曲解せず、真っすぐ受け止められる。最年長なのに最年少みたいに、興味の持ち方がキラキラしています。

Ⓨザ・マイペースだよ（笑）。虹コン最年長ですが凝り固まることなく、新しいことへの吸収力が落ちないのは本当に素晴らしい才能だと思います。魅力的。

中村朱里

㋲グイグイと前には出てこないけど、しっかり丁寧に支えてる。そういうメンバーがいるのも、チームには大事だと思います。最近は、やりたい目標がしっかりできて、積極的になってきました。

Ⓨ自分の考えを表に出すのが得意でないのかな。でも最近は興味があること、ちょっとした思ったことなんかを、私にもオープンにしてくれるようになりました。きっとすごく努力してる。彼女の丁寧さや勤勉さに感情表現が加われば、こんなに強いものはないと思います。

岡田彩夢

㋲昔は自分の意見を言わない娘でした。いまでは、自分の考えや目標がはっきりした、意志の強い女性に育ちました。いい意味で頑固なオタクです（笑）。

Ⓨ自分の知らないことを見たい、吸収したいという気持ちが強い。いろんなことに興味があって、能動的にキャッチしようとする娘です。それってすごい才能です。

大和明桜

㋲すごい素直。私が「これを頑張りなさい」と言ったら、ほんとうに頑張る。「あおちゃんのトーク力が虹コンのネックだから、頼む」と言い続けて、かなり改善したと思います。

Ⓨ最近、彼女の中にある悔しいという感情が見えるようになった気がします。簡単にいうとガッツが生まれた。あのおっとりした雰囲気を、ガッツの上にまとうようになったら、トークにもパフォーマンスにも、彼女の魅力がすごく生きてくると思います。

桐乃みゆ

㋲歌もダンスも本当に器用で、助かっています。虹コンは投げられたボールをよけちゃうタイプが多いですが、彼女と大塚は物おじせず受け止めてくれる。度胸がある娘です。

に乗らないって選択肢になった感じです。王道ってわかる範囲に収めつつ、引っかかりを意図的に入れるのが虹コンのスタイルですね。

——夏の水着曲も虹コンの伝統ですよね。

㋲　私もYumiko先生もアート出身だから、ヌードとかも、アート作品ならときには表現のために必要であれば、それを厭わないというような感覚。もちろん本人たちの感情と丁寧に向き合っていて、水着は自分で選ばせます。嫌だと思ってたら顔に出ちゃうから。アドバイスをしながら、露出したくない娘は布の面積が多いのを選ぶんです。

——根本凪さんはインタビューで、水着を着たことで自分

CROSS TALK

虹コン生みの親・もふくちゃん×振付演出家・Yumiko先生

的場華鈴

(も)1年前は、リーダーとしてどうグループを引っ張るか、すごく悩んでいました。でもいまは、まわりのメンバーを立てて、みんなを成長させられる、いいリーダーになりました。

(Y)リーダーとして、ほかのメンバーとのより良い関係性を毎時毎分研究してる。たまに張り切りすぎちゃって空回りしても、グループの空気に濁りがでないのは、彼女の素質が陽に満ちているおかげだと思います。純粋にあったかい娘。最近は大人として意見を交換できる、そんな感じがします。すごく成長しました。

蛭田愛梨

(も)いままでは、良くも悪くも最年少キャラでした。今年は17歳の高校生になって、新しいアイデンティティを見つける年。そのために頑張っているし、成長が楽しみです。

(Y)あの年代だと、ふつうは斜に構えたりとかあるものだと思うんですが、彼女は真っすぐ、心で受け止めてくれる。痛いも嬉しいも伝える段階で表現に脚色がないんです。その素直さは魅力的ですよね。

山崎夏菜

(も)高校を卒業して、目標ができた。そのためにやるべきこととか、現実の厳しさとか、全部理解して、最近ほんとうに成長したと思います。

(Y)こちらが指導したことをすごく大切にして、ときにはみんなの前でアシスタントのように確認してくれる頼れる存在です。最近は私の仕事に、能動的にかかわってくれるようになりました。じつは、物事を計画的に進めたり、ちゃんとできる人なんですよ!

隈本茉莉奈

(も)虹コンを陰で支えるマルチプレイヤー。最近、グループのことを第三者的な視点から見れるようになりました。虹コンの将来のこともきちんと話せる、大人の女性です。

(Y)パフォーマンスが強い!　いっぽうで、性格的にはセンシティブな部分もあって、二つの面を持った女性です。柔軟な考え方ができるようになったら、めちゃくちゃ大物になるのでは?　と期待してます。

清水理子

(も)衝動的に生きている女性。いつも全速力で生きていて、いろんな壁にバーンとぶつかったりもするけど、そのスピード感が清水の魅力です。

(Y)何にでも、どーんと飛び込んでいくことのできる娘。瞬発力ってすごい才能だと思うんですよ。自分に自信があって、最近は「成長」に対して貪欲な姿勢もあって。これらをあわせ持てば怖いものなしですよね。

大塚望由

(も)いちど辞めて戻ってきたら、周囲のアドバイスに「ありがとうございます」を心から言えるようになった。あとはアイドルとしての照れがなくなったら、覚醒するんじゃないかな。

に自信を持てるようになったと語っています。

も　1年めに水着の話をしたとき、生まれて初めて自分を褒められたと感じたらしく、水着のときにいちばんいい顔をするようになりましたね。根本に限らず自信を持つようになったメンバーもいますし、みんながボディメイクを頑張るいいターニングポイントになっています。時代に逆らってる気もするけど、夏が来るたび一喜一憂して、自分たちで好きなことをやってる感じです。

――ここからは虹コンの7年を振り返ってもらいます。

も　最初は、イラストなどのクリエイティブな力を持った女の娘たちと何かをやりたいと思ってたんです。でも実際に14～15歳の娘たちと会ってみると、作りたいものなんかなくて、何かに憧れる気持ちがあればまだいいほうなくらいで。それまではすでに自我が芽生えた18歳以上の娘たちと接してきたからわかってなかったけど、14歳って、クリエイティブでいえばまだ赤ちゃんなんだって気づいた。「こんな世界があるんだ！」って階段を一段ずつ上らせていくことから始めました。得意でもない絵を描かせてみたり、コスプレの衣装をミシンで作ったりと、学校に近い作業をやってたのが最初の数年です。

　楽曲の面でいうと、当時やりたいことを順番に、若い娘に高いキーで歌わせたい、でんぱ組で封じていた恋愛の曲や、きゅるんとかわいい表現をやりたい、生演奏でめいっぱい好きな作家さんを集めて収録したいとかを、いろいろやってましたね。

虹コンになった瞬間に自信を持てる

——その次のターニングポイントはどこだったんですか？

も　キングレコードさんでメジャーデビューするタイミングで、Ｙｕｍｉｋｏに泣きついて。特にライブに強いアイドルにしたいと強く思って『ＬＯＶＥ麺 恋味やわめ』で初めて振付をお願いしたのかな。キングレコードさんとの取り組みが始まったころから、女の娘たちの年齢も上がって、どうストーリーを作るか悩み始めていたんですね。でも、言葉にすると馬鹿らしいけど、「王道な感じ」「若くてかわいい女の娘たちが仲良く」って部分はずっと大事にしてきました。

みんなが「いまの虹コンって最高！」って感じてる

——過去にはグループ解散の危機もあった。

も　初期からずっとセンターだった奥村野乃花が辞めたタイミングですね。奥村の人気に頼ってた部分もあったから、もうダメかも……ってメンバーがネガティブになった瞬間があったけど、そこからの巻き返しがすごかったですね。私たちも明確なセンターを作らない方向にシフトして。

Ｙ　私はもともとセンターを作らない主義なんですよ。キャリアのスタートがバレエ教室の発表会の振付だったから、親御さんたちが見たときに、「ああ！うちの〇〇ちゃん！」って思える瞬間を作らねばと思っていて。すべての娘に見せ場をと思って振付してた。そうしたら「この娘がセンターなんです」って怒られて、大人同士がケンカになったこともありましたね。

も　奥村がいたころはまさにそういう感じ。センターは絶対にセンターってフォーメーション。そこから一気に、いまの虹コンのスタイルに変えました。その結果、「自分は必要ないんだ」って思う娘がいなくなって、雰囲気がすごく良くなった。

Y　最初の話にもつながるよね。いまは絶賛〝みんなが主役なんだ〟期ですごくいい状態。

も　特にここ半年は全員の成長が著しくて。リーダーの的場が変わったのが大きい。自分が引っ張らなきゃって思いすぎてたのが、いい意味で引くようになった。自分が全部前に出てたらみんなが成長しないと気づいて、メンバー全員に〝この場にいる意義〟を渡していった。そうしていまは少しずつ変わっていってるところなのかな。4月11日のライブは、それが生きた形でしたね。

　この7周年のタイミングでみんなが自信を持てるところまでやってこれたのはスゴい。絵本の『スイミー』みたいに、一人ひとりはみんな自信がないけど、虹コンになった瞬間、急に自信を持てるんです。みんなが「いまの虹コンって最高!」って言い合ってて、この雰囲気はすごく尊い。『けいおん!』『らき☆すた』みたいな日常系アニメの感じ。今後はその学園天国をキープするのか、武道館を目指すようなプロのパフォーマンス集団として鍛えていくのか。楽しみにしてほしいです。

Y　全力でいい時間を過ごしつつ、いつなんどきも次のステップを考えていてほしいと伝えています。そんなこと言わないでって思うだろうけど、終わりがあるからいまを大事にできると思うんです。たとえば仮に4年後に解散するとして、もしあと4回しかツアーできないと思ったら、過ごし方も変わるはずで。

も　大塚が戻ってきましたが、彼女は14歳のころに、この活動が当たり前に思えたり、ずっと続くのかなと思って辛くて辞めた。でもじつは、たくさんの人が支えてくれている、終わりが来る夢だったと気づいた。「当たり前だと思ってたことのありがたみがわかった、傲慢だった」って言ってて、大人になったなと(笑)。今この瞬間って当たり前じゃない、大事にしなきゃと気づいて初めて、いちばん〝いい顔〟になると思うんです。

Y　結果的に、多くの人の心とリンクして、胸を打つパフォーマンスができると思う。

も　常にいちばん〝いい顔〟でステージに立って、パフォーマンスに強い王道アイドルを目指すのは、7周年を迎えた後も変わらないと思います。

いいコミュニケーションをとれるチーム作りが大切

Q. 虹コンでいちばん尊敬するメンバーは誰ですか？

尊敬もありつつ愛おしい生きもの

的場さん

岡田彩夢

Q. 虹コンに入って、いちばんの大失敗を教えてください

"キミは無邪気な夏の女王"のMV撮影のとき、
グアムでななちゃんとねぼうしたこと。
めーっちゃおこられました、すみません

蛭田愛梨

Q. 虹コン加入から今までで、いちばん嬉しかったことはなんですか？

1期生で加入して、今日まで続けられたこと。
メンバーやスタッフさん、そして、ファンのみなさんに
出会えたことがとても嬉しいです！

中村朱里

Q. 虹コンに入って、いちばんの大失敗を教えてください

タイで迷子になってもう日本に帰ることは
できないと思った

山崎夏菜

Q. 思い出に残っているライブを教えてください

虹のコンキスタドール「RAINBOW JAM 2019」神奈川県民ホール
初のバンド編成ライブでピアノ演奏もさせていただきました…！
とても思い出に残ってます。またピアノ弾きたい♫

隈本茉莉奈

Q. 虹コン加入から今までで、いちばん嬉しかったことはなんですか？

TIF 2014
(TOKYO IDOL FESTIVAL)

・虹コンの初ステージ
→・念願のアイドルになれた瞬間

もう1つ、ソロ写真集が決まった時も追加で…!!!

的場華鈴

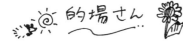

『世界の中心で虹を叫んだサマー』のMV撮影に潜入

'21年の「虹コンの夏曲」こうして始まった!

撮影後に靴下が片方なくなって捜し回りました

清掃チームの水の勢いが強くて水浸しになりました

ジャグジーが気持ち良かったー！

メイクが最後で、現場に着いたら撮影が始まってた！

「サマー！」って叫んで、声がかれました（笑）

波の音で監督さんの声が聞こえず失敗続きでした…

ダンス中にイヤリングが取れて何回も取りに行きました

寒かったのでジャグジーで命をつないだのが思い出

絶叫系が苦手でカナヅチなので、スライダーが怖かった

足元まで流れてくる浮き輪を、避けて踊るのが大変

スライダーに乗る役になれず。乗りたかった～!

腰に巻くセレブな布を忘れてて、あわてて巻きました

「水着の夏曲」ヒストリー

2017

『キミは無邪気な夏の女王 ~This Summer Girl Is an Innocent Mistress~』

『夏の夜は短すぎるけど…』

ここでは、キングレコードに所属後の「水着の夏曲」MVを振り返る。まずは'17年、記念すべきメジャー1stトリプルA面シングル。「なんちゃって」ポーズがかわいい『キミは無邪気な～』と、根本凪が大活躍の大人っぽい『夏の夜は～』。グアムで1週間のロケで、これらの2曲を含むMV3本、ジャケ写、アー写、写真集(!)を撮影するという強行軍。おまけに根本凪は出演映画の舞台挨拶のため、途中東京に日帰りするというハードスケジュールだった。ちなみにその日、ほかのメンバーはグアムで貴重なオフ。的場華鈴は、デューティーフリーでショッピングを満喫したそうだ。

『ずっとサマーで恋してる』

2018

身もだえする振付（写真下）が印象的、ファンが手でハートマークを作って跳ぶ名曲。ロケ地は湘南。「虹の大三角形」ツアー中で、撮影はわずか1日、移動して翌日はジャケ写、アー写を撮るというスケジュール。撮影期間の短さを感じさせない仕上がりはさすが。ダンスシーンがビーチではなく、コンクリートの地面とウッドデッキなのはロケ地の都合だが、ビーチと比べて踊りやすく、メンバーには好評だったという。

『愛をこころにサマーと数えよ』

2019

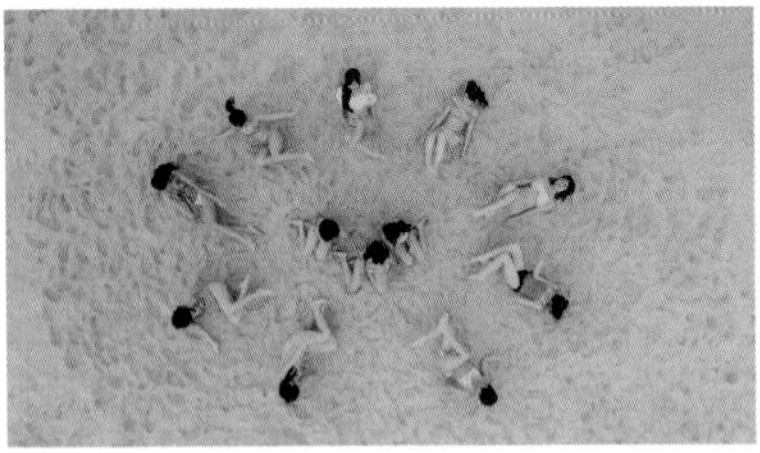

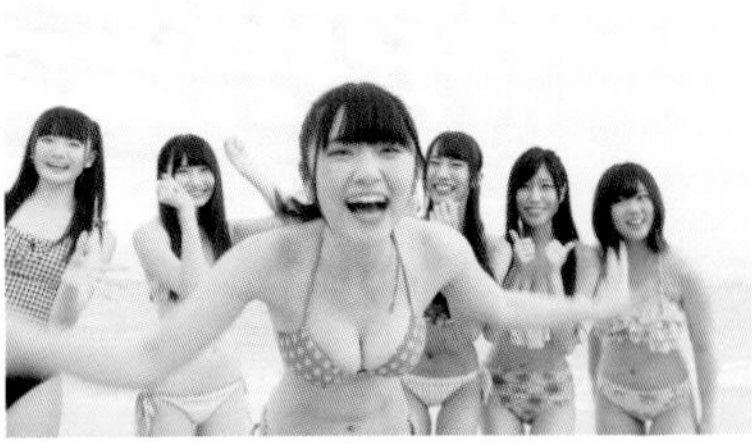

横になって脚を上げるアーティスティックスイミング風の振付が印象的。この状態で歌うのは相当大変。虹コンメンバーはさらっと難しいことをしているのだ。撮影は沖縄ロケ。じつはツアーの沖縄公演に合わせて、'18年12月に撮影している。カップリングの『Waiting Wedding』のMVも同時に撮影したが、その日は大雨。雨男といわれるキングレコードの木俣プロデューサーのせい、という声がしきりだったとか。ビーチ撮影は晴れて良かった！

『サマーとはキミと私なりっ!!』

2020

セリフがエモいこの曲、MVのロケ地は石垣島。'20年春に刊行した鶴見萌の写真集の、ロケ地だったリゾートホテルを木俣プロデューサーが気に入り、同じ場所で撮影した。海にバナナボートを浮かべたシーンは、船での移動の途中に、ZUMI監督のひらめきで撮影し始めたカットで、当初の絵コンテにはなかったシーン。よく見ると映っていないメンバーがいるが、船酔いしていて撮影どころではなかったというからかわいそう！

きまた・まこと　キング・アミューズメント・クリエイティブ本部　SB制作部所属。虹コンには'17年のメジャーデビュー以来一貫して関わり、音源だけでなく、多岐にわたりプロデュースしている。ラジオ『虹コンの征服ちゅうずでぃ』に出演するなど、ファンの間では「KMT」の名で親しまれている。

"虹コンのお父さん"が成長秘話を熱く語った！

「KMT」木俣誠 プロデューサー × 的場華鈴 虹コンリーダー

出会いは、人狼ゲームでした(笑)

「KMT」のニックネームでファンにはおなじみ、所属レコード会社・キングレコードの木俣誠プロデューサー。誰よりも虹コンを愛する男が、リーダー・的場華鈴と語った虹コン成長のターニングポイント。

木俣　初めて虹コンのライブを見たのは'16年の夏前、場所はアキカルでした。虹コンは、ステージでコスプレして遊んでたんだよね。

的場　正直なところどう思いました？

木俣　それまであまりアイドルさんを見たことがなくて、何をやってるかよくわからなかった（笑）。でも、ライブが始まると、すごくフォーメー

CROSS TALK

「KMT」木俣誠プロデューサー×虹コンリーダー・的場華鈴

ションがしっかりしてて、おもしろいなと思った。次に行ったのが、夏のツアー。それで8月の後半に初めて会った。初対面だから仕事の話をピシッとしたのに、そのあとなぜか、人狼ゲームをやることになった。

的場 思い出しました！ たしか、あかりんが言い出して。

木俣 初対面の人がいるなかで、騙し合いのゲーム。16人くらいいて、2、3時間かかったよね。しかも僕、人狼だった（笑）。

それで『＋ノーライフベイビー・オブ・ジ・エンド＋』のMVと映画『聖ゾンビ女学院』を撮影するんだけど、トラブル続きで…。

的場 突然ロケ地が使えなくなった。

木俣 急遽新しい場所を探して、ロケハンしてないから全部イチからで。二度としたくないけど、楽しかったね。

的場 あれを経て、メンバーはちょっと強くなりました。

木俣 虹コンが本当の意味で「チーム」になったのは、やっぱり奥村さん、陶山さん、（今年復帰した）大塚望由さんが辞めたとき。メジャーデビュー1年めでした。いろんなこと言われたよね。

的場 虹コン、オワコンって、めっちゃ韻踏まれて。

木俣 なんとかして見返したいと、ムカついてた。メンバーも僕も同じ思いで。じゃあ、どんどん仕掛けていこうぜって、演劇×ダンス×ライブで見せるツアーをやった。演劇の映像には僕も敵役で出て、岡田彩夢さんにマジ蹴りされた（笑）。

的場 あのとき『心臓にメロディー』をもらえたのもターニングポイントでした。

木俣 3人が卒業することで皆さんに言われたことに対する、虹コンの意思表示。俺たちはけっして立ち止まらない、突っ走っていくということを示せた、大切な曲です。あのMVも過酷だったね。

まだ雪がある1月の御殿場で、ノースリーブの衣装。メンバーが寒くて動けないし、風も強くてね…。でもおかげで旗がいい感じになびいてたり、ここから立ち上がるんだ、って表現できたと思います。

的場 周囲の声に反発して「見てろよ」という気持ち。あのときのことは一生忘れません。正直、木俣さんがいなかったら虹コンは解散していたと思います。

木俣 トラブルや壁が多いけど、苦しいときを皆で必ず打破して、結果ワンランク上に行ける。それが虹コンなんです。

根本凪、岡田彩夢、大塚望由らの
信頼も厚い「イラストの先生」

岸田メル　イラストレーター

こんなにクリーンなアイドルほかに知りません！

根本凪、岡田彩夢、大塚望由はじめ、メンバーに慕われるイラストレーターの岸田メル氏。初期の虹コンのオーディションにかかわり、メンバーに絵を教え、衣装のデザインも手掛けた。アニメ『花咲くいろは』などで知られるカリスマが語る虹コン論。**

——最初に虹コンとかかわったのはオーディションの審査員としてでした。

それ以前からpixivさんとご縁があったこともあり、立ち上げのときに審査員をすることになったのが最初です。審査員の間では、無垢な感じだけどちょっと闇がある娘を選ぼうという雰囲気でしたね。

——その後、メンバーにイラストを教えていました。

最初は全員で、途中から希望者に。僕ともう一人で、1〜2年、月イチくらいで教えていました。僕も含めて陰キャなので無駄話も弾まず、黙々と絵を教えていました(笑)。

——印象的だったメンバーは？

根本凪さんは、絵が描きたいって、自分で描いた絵を持ってきた。年齢にしては、すごくよく描けていました。インターネット上の文脈が肌でわかっているリアルなオタクだったのと、眼が印象的。僕から見るとすごく華がある娘でした。中村朱里さんは、何も磨かれてないけど、バレエをやっていて、たたずまいや身のこなしがすごくきれいで、体型もきれい。シンプルにいいなあと思いました。

——衣装もデザインした。

セーラー服の衣装にしたとき、世間によくある安っぽいセーラー風にしたくなくて、本物の素材を使った。そこに飛んだ絵の具はプリントじゃなくて、僕が全員分、本当に飛ばしたのが思い出です。

もふくちゃんが僕のことをおもしろがってくれて、熱海で撮ったMVに、メンバーと一緒に出たのも楽しかったですね。

——ほかのグループと比べて虹コンのいいところはどんなところですか？

プライベートを含めすごくクリーンで、そのあたりは運営もすごく気を使っていました。こうなってみると、7年

INTERVIEW

MEL KISHIDA

メジャーデビュー曲『十ノーライフベイビー・オブ・ジ・エンド十』の衣装デザイン画

制服をモチーフにした『やるっきゃない！2015』の衣装デザイン画

きしだ・める　'83年生まれ　イラストレーター。小説のイラストから、人気ゲーム・アニメキャラクターデザインまで手掛ける。代表作にアニメ『花咲くいろは』など

間同じ学校で過ごした人たちみたいな印象ですよね。的場華鈴さんとか、中2のころからずっといて、虹コンが人生みたいになっているから、リーダーとしての責任感が生まれてすごく頑張っている。いまのアイドル界で、そういうのがクリーンな状態で成立してるのって、虹コンだけかもしれません。

この本に収まりきらないグラビアを
大増ページ完全収録
FLASHデジタル写真集
虹のコンキスタドール
「君の虹のために」
配信決定!

AO YAMATO PHOTO STUDIO

リーダーの自然な
表情をとらえた

虹コンの才能

大和明桜写真館

カメラが趣味の大和明桜は、
'21年５月に初の写真展「親・近・感」を開いたほどの腕前。
今回は特別に、大和が撮影した写真５枚を公開する。

大和だから撮れる
弾ける笑顔

この後ろ姿は誰でしょう？
（ヒント：P65のメンバーです）

カメラマンに嫉妬しちゃう♡マーク

撮影の合間のおふざけショット

1 おしゃまにポージング！

2 当時から太陽のような笑顔

タイムスリップ写真集

小さいときから
かわいかったメンバーたち。
面影のある娘も、あまりない娘も、
虹コン大好きマンなら、全部わかる、はず？

「私は誰でしょう？」

4　丸顔はいまと変わりません

3　フルーツ大好き　面影ありすぎ

6　謎のポーズでダンシング！

5　体操のお手本でした

7 早すぎる？ ウエディングドレス

8 初公開の水着姿

9 お料理、よくできました

10 カメラをまっすぐ見つめる視線

12
もしかしていまより大人っぽい？

11
つぶらな瞳はこのころから

正解

1  岡田彩夢
このころまでは元気で勝ち気な性格でした

2  的場華鈴
3歳のときに七五三で撮影した写真です

3  鶴見萌
バリ島旅行でアメーバ赤痢になった経験が

4  根本凪
ビオトープや池によく落ちる子供でした

5  大和明桜
子役時代、雑誌の撮影で体操してる場面

6  桐乃みゆ
いつも2歳上の兄にくっついてたらしいです

7  隈本茉莉奈
姉の七五三でなぜかドレスを着せられました

8  山崎夏菜
お母さんが好きな沖縄の海に行ったときです

9  清水理子
調理実習で習ったオムレツを家で作りました

10  大塚望由
子供時代の写真は、全部カメラを睨んでます

11  中村朱里
眉毛がりりしくてよく男の子に間違えられた

12  蛭田愛梨
お転婆と書かれた服をよく着てた幼稚園時代

ARTIST	虹のコンキスタドール （大塚望由、岡田彩夢、桐乃みゆ、隈本茉莉奈、清水理子、鶴見 萌、中村朱里、根本 凪、蛭田愛梨、的場華鈴、山崎夏菜、大和明桜）
EXECUTIVE MANAGER	福嶋麻衣子（DEARSTAGE.inc）
ARTIST MANAGER	藤田貴士（DEARSTAGE.inc） 久保田孝之（DEARSTAGE.inc） 薬袋 唯（DEARSTAGE.inc） 宮保朋美（DEARSTAGE.inc）
ARTIST DIRECTOR	Yumiko先生
ARTIST PRODUCER	木俣 誠（KING RECORDS）
PHOTOGRAPHER	中山雅文、スギゾー。、久保貴弘、栗山秀作
STYLIST	米丸友子
HAIR & MAKE-UP	伊藤遥香、中逸あゆみ、佐藤友梨、今村麻里子、tamago（M's up）
LOCATION	後藤聖一、銀林 章（510ロケーション）
ART DIRECTOR & DESIGN	勝浦悠介
WRITER	森ユースケ、高田省吾、上野武留、田邊創一郎
EDITOR	永吉正明

虹のコンキスタドール7周年記念BOOK
ずっと虹コンで恋してる
2021年8月20日　初版第1刷発行

光文社 FLASH編集部・編

発行人　内野成礼
編集人　田尾登志治
発行所　株式会社 光文社
東京都文京区音羽1-16-6
編集部　03-5395-8261
書籍販売部　03-5395-8116
業務部　03-5395-8128

印刷・製本所　凸版印刷株式会社

ISBN 978-4-334-90274-2

7th
Thank you♥
みゆっぴ

てくてく
トコトコ
虹コン7周年ありがとう。
これからもかわいがって

なな!!
ありがと〜!!!
7周年になっちゃった!!
Kaoru
まだまだ
たのしい!!!